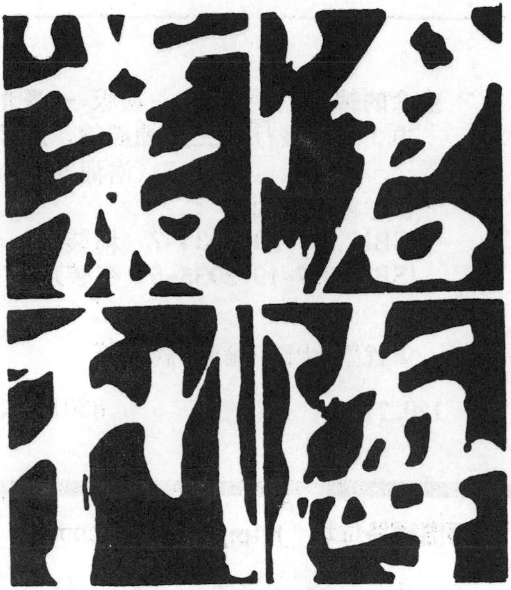

生命的轉化

吳 怡著

東大圖書公司 印行

國家圖書館出版品預行編目資料

生命的轉化／吳怡著. --初版. --臺北
市：東大發行：三民總經銷，民85
面；　　公分. --(滄海叢刊)
參考書目：面
ISBN 957-19-2034-7（精裝）
ISBN 957-19-2035-5（平裝）

1.哲學-中國-論文，講詞等

120.7　　　　85010613

國際網路位址　http://sanmin.com.tw

著作人　吳　怡
發行人　劉仲文
著作財產權人　東大圖書股份有限公司
臺北市復興北路三八六號
發行所　東大圖書股份有限公司
地　址／臺北市復興北路三八六號
郵　撥／〇一〇七一七五——〇號
印刷所　東大圖書股份有限公司
總經銷　三民書局股份有限公司
門市部　復北店／臺北市復興北路三八六號
重南店／臺北市重慶南路一段六十一號
初　版　中華民國八十五年十月
編　號　E 12108
基本定價　叁　元
行政院新聞局登記證局版臺業字第〇一九七號

ISBN 957-19-2035-5（平裝）

敬獻給關懷我最深的

先師　張起鈞教授

逝世十週年紀念

前言

這本書中所收集的九篇文字，都是我最近兩年內陸續寫成的。其中四篇是在課堂上講學的靈感和心得，如：《老子的美感》是在老莊課堂中，發講義給學生時和學生玩笑說講義印得很美，突然懷疑到老子是否有美感的問題。《從一位歌星的出家談孔子與易經》，是在易經課中，討論到乾卦的卦象時，把自己的生活經驗拿來作印證。《佛學裡的中國哲學和文學》是在大覺蓮社中為幾位美國學生講解永嘉玄覺的《證道歌》時，由該文的第一句引起了我的一些想法，於是便在該社，另作了一次中文的演講。《在易經熱流中談易德》也是在易經課中強調「誠」和「謙」的重要，正值當時看到臺灣政界和社會上一窩蜂地把《易經》當作口頭易，因而有感，寫成了本文。另外四篇文字都是我參加國際學術會議的論文和感想。《中國傳統哲學的現代的意義與未來的展望》是我在一九九三年暑假參加在北京大學召開的國際中國哲學學術會議的論文。回來後，有很多感觸，便又寫了一篇《為中國哲學呼喚！》。兩篇文字都在《中央日報》副刊和《孔孟學報》發表。本來《中央日報》副刊都是登載趣味性的短文，而這次居然以半個月的時間連續發表我這篇比較嚴肅的幾近二萬字的學術性的論文，足見該副刊編輯對中國哲學的重視，甚為難得。《從中國整體的生命哲學看佛學在中國文化裡的發展》，本是我應邀參加一九九四年暑假聖嚴法師主持的國際佛學與中國文化會議的論文，這篇文字長達兩萬餘字，是用整體生命哲學的架構以檢討佛學在中國文化裡的融和與消長。在我把這篇文字寄到會議籌備組之後，由於適逢家母病重，所以我未能參加會議，只寄了一卷錄音帶託人當場播放，也聊表我對該次討論會的誠意。後來這篇文字在我新開的一門「中國哲學的精神及其發展」中，幾乎用了五個星期的時間，和學生們討論。該文的結論：「佛學與中國文化的未來展望」也蒙《中央日報》副刊連載了四期。最後，《倫理的心理建設》一文是一九九五年暑假在臺北召開的第三屆中國現代化學術研討會的論文。與會的大陸學者超過一半，我們的討論非常融洽，幾乎沒有臺灣和大陸的分別，可是隔岸的軍事演習，卻炮聲隆隆，真是別有一番滋味。尤其臺灣社會人心動盪不安，八月有災異的怪說，甚囂塵上。我來自本被中國文化看成番邦，沒有精神生活的海外，卻看到臺灣社會的笑貧不笑娼，風氣的奢靡敗壞，更增加了我強調「倫理的心理建設」的信心。最後一篇《整體生命轉化的系統》是我應邀為系統學研究所新開的一門課「中國系統思維」的講義大綱，這是我努力希望把中國哲學介紹到最近流行的系統科學研究上，使西方的學者們能打破他們思維的格式，引進中國道統思維的生命活力，而共同為救世救人創造一套新的思維系統。

這幾篇文字，有的是嚴肅的哲學專論，有的是輕鬆的文學漫談，但都代表了幾年來我的思路歷程。用一句話來表達就是學術和經驗的結合。在學術的研究上，我提出了整體生命哲學的模式，就是「生、理、用」的循環系統。在這個系統裡，「用」卻是原動力。也就是說整個生命哲學的系統是歸結在經驗之「用」上。因此我走「下學而上達」的路子，從經驗出發。對於任何形而上的高深大論，我都用經驗的法門，把它們簡易化、人情化。但我所謂的「經驗」不是科學家們及某些實證哲學家的只注重現實，我是以整體生命為經驗，也就是說這個經驗是上達的，是生命的轉化，生命的上揚。由於這個原因，目前我正繼續撰寫一些有關生命轉化系統的文字。而我自己也一再提醒自己，不要限於一得之見，要能不斷的自我檢討，自我的轉化。我那篇《老子的美感》，本定名為「為學之道，難於上青天」，因為自己發現研究和教學了三十餘年老子，卻沒有從最淺近、最人情之處看老子。難怪莊子要說六十年，才知五十九年之非了。所以我這幾篇文字雖說是最近兩年來的作品，這並不表示，我是在坐五十望六十之年，這些文字都是我成熟的作品。相反的，我正臨近五十九年之非，也許明眼的讀者，能給我這方面的指正，使我有新的轉化。

吳　怡　謹識於舊金山一九九六年九月

生命的轉化

貳、生命哲學的運用

參、附錄——我的經驗

壹、生命哲學的系統

一、整體生命轉化的系統

（一）一個經驗「系統」的自述

這個標題很長，讀起來很笨拙。我曾嘗試把它簡化，可是拿掉任何一部份，就像截足斷手一樣，不能呈顯本文的主旨。因為「整體」、「生命」、「轉化」、「系統」的每一部份在我思想發展的歷程中都有它的意義，所以我還是把它們完全的保留了下來，再慢慢的細說分明。

首先談談「系統」兩字。我相信，我和一般中國的讀者對這兩個字都不陌生，而且都不經意的使用過，如說話有沒有系統、文章有沒有系統等。當然這些都只是泛指合不合邏輯、有沒有條理的意思。可是我這些漫不經心的「系統」兩字，卻碰到了最近在美國大為流行，有板有眼的系統論，而促成了我寫這篇文字的一個機緣。

這個機緣的出現也很突然。我有一位學生唐永明君，他在大陸讀書時就對系統論很醉心，後來到美國研究，獲得系統論和管理學的碩士和博士學位，便申請到我所在的整體研究所任教。可是他深感在大陸時，由於文化大革命的摧殘，未能接觸真正的中國哲學，於是一面教書，一面又到哲學宗教組，再攻讀中國哲學博士，選修了我所教有關中國哲學的課程。他發現在中國哲學裡有太多系統論方面的寶藏，甚至他愈研究，愈覺得西方系統論歸結到最高的原則，不外乎太極、陰陽的一套理論。於是他在很多次的會議中提出了中國哲學裡的許多和系統論相似的理念，想不到，西方的學者們非但不排斥，相反的，還非常有興趣的，希望他增開中國哲學系統論的課程，及編一套有關中國哲學系統論的書籍。唐君便商請我負責教課，並協助編書，當時我第一個念頭是不同意的，因為我自己系內的課務已很忙，手頭還有一本《莊子解義》正在趕寫，而且我對系統論本無研究，隔行如隔山，尤其我對很多用中國哲學來附會科學的作品，深表反感，所以我並沒有接受這個任務。可是幾經和唐君商談，我的觀念轉變了，因為如果我不接下這門課程的話，這個計劃便延緩下去，可能以後便沒有這樣的課程。我這樣的想，當西方學者真正有興趣，而且很誠心的希望我們把中國哲學介紹到他們的園地中時，我們能轉身不顧嗎？唐君在西方系統科學的研究上，大力提倡中國哲學，總算產生了這種令人興奮的迴響，這在易理中，是一個轉變的「幾」，在此以前我們用中國哲學去附會西洋哲學和科學，而今後我們應該要用中國哲學去影響西方哲學和科學，這個得來不易的「幾」，我們能輕易放過嗎？

另外我更想起了以前的經驗，在臺灣時，我從來沒有教過易經這門課，並非沒有機會，而是我不願在自己的信念尚沒有把握得很堅定時，隨便牽涉入這門系統非常複雜的課程中。因為傳統《易經》研究的系統，至少有三個方面，一是哲理的，二是象數的，三是占卜的。我個人雖偏於儒理易，但我如果在儒理易方面的運用，不能使學生們產生堅定的信念，去融化和取代象數及占卜易，而只是棄它們不顧，或任意批評，這不是做學問應有的態度，所以我始終不願去擔任這門課程。到了美國之後，我本來教老莊和儒家的課程，有一次，所主任要我和東西心理學的一位教授合開易經一課，她研究《易經》十餘年，擔任這門課程也有四五年。我當時雖然有顧忌，卻欣然接受，因為在該校只有我一個中國哲學的教授，我沒有理由放棄這個機會。在我參與了之後，這門課程分為兩部份，第一節由該教授以西方心理學的方法來傳授，譬如她用衛禮賢的英譯《易經》為教本，教乾卦時，英譯「乾」的意思是創造；於是她照本宣科的讀了衛氏的「乾」卦譯釋之後，便由學生在接著第二、三個星期中，每人帶一件自己的作品，來表演他們的創作經驗，於是一位學生帶來他自己的畫，一位學生說明他的盆栽。還有一位印地安的學生，在課堂中又敲又唱的拍打他的印地安鼓，令人震耳欲聾。這就是西方式的《易經》心理學。第二節我教《易經》原文，以儒家思想為主。我把原文和衛禮賢的譯文比較，指出了衛氏譯文中許多錯誤。由於我和那位教授的教法是兩個不同的系統，在我們教課前並沒有協調好，於是造成的結果是，她在第一節課中，完全以衛氏的譯文為解，因為她和學生們都不懂中文，只有絕對的信任，甚至把衛氏加添的一些並不合易理的見解當作《易經》的原意，可是在第二節課中，我指出衛氏的錯譯，卻譏諷似的，打破了他們對衛氏英譯的信仰，使他們無所適從。這門課第二年便停了，後來那位教授離開本校，我也在自己的研究所內，以儒家思想的系統傳授《易經》。我之所以重提這段故事，是因為這個經驗告訴我，在兩種不同系科中，雖然教同一門課程，卻有不同的系統。《易經》在心理學上自有其不同的運用，我們不能只強調傳統方法，而對心理學上的運用作太多苛求的批評，但如何使這兩個系統銜接起來，使心理學上的運用，不致因走得太遠，而違反了《易經》的精神。作為一個中國學者，我也有責任去參與這個發展，使原始的《易經》，能走入新的世界。

為了這些原因，我很樂意，也自感這是一種責任，用系統的方法來研究中國哲學。同時，也希望把中國哲學帶入系統論的園地，去產生影響。

首先我檢討自己的思路歷程，發現我對「中國哲學史」的寫作和教課，正可以分為研究中國哲學的三種不同的系統。這說明了我早已和「系統論」發生關係，只是日用而不知。我的第一本有關中國哲學史的著作是和先師張起鈞教授合著的《中國哲學史話》。在構思寫作時，我們便有一個極為確定的目標，就是用道統把所有各派哲學家的生平奮鬥，及思想主旨貫串起來。在《再版自序》中，我們曾這樣的說：

本書在無形中有了個中心靈魂，因此雖是分章介紹不同家派的思想，但彼此間卻不是隔離孤立的。我們除了把各家思想前後激盪呼應的關係指明外，並抓住他們一致百慮、殊途同歸的精神，而把各個哲人的奮鬥編織起來，使全書成為一個有系統的完整結構，使全書表現出一個完整統一的氣氛。於是不僅把中國與西洋印度哲學的相異情調足以烘托出來，並且有力的說明了中國哲學的特徵是什麼。從孔子到王陽明，我們隨處可以看到哲人們是如何的為傳統抱負而奮鬥。而他們的學說是如何的在表達這種中心的旨趣。這種相承一貫的精神，這種完整統一的氣氛，雖是哲人們所表現的客觀事實，但既由我們體認而說明，於是便如前述，無形中成了本書的中心靈魂，而從寫作觀點來看，也就成了我們貫穿全書脈絡的骨幹。假如要問本書有無特點，我們可以說有的，就是拿這內聖外王救人救世的道統精神為主流，來說明中國哲人為世道而學問的旨趣。

在這段話裡，我們表明了該書的中心旨趣是描寫歷代的中國哲學家們以救世救人為道統。道統兩字不見於原始儒家，而是後代的儒家，尤其宋明理學家們愛用的術語。韓愈在《原道》一文中雖然沒有明言道統，但他那種高舉儒家人道思想的旗子，而大唱排佛的論調，是有意的形成了儒家求道的一種系統，如說：

斯吾所謂道也，非向所謂老與佛之道也。堯以是傳之舜，舜以是傳之禹，禹以是傳之湯，湯以是傳之文、武、周公。文、武、周公傳之孔子，孔子傳之孟軻，軻之死，不得其傳焉。

接著朱子更把韓愈的「不得其傳焉」傳了下去，和宋明理學的二程夫子連成了一個系統，而標出了「道統」說：

> 蓋自上古聖神，繼天立極，而道統之傳有自來矣。其見於經，則允執厥中者，堯之所以授舜也。人心惟危，道心惟微，惟精惟一，允執厥中者，舜之所以授禹也。

這段話以「繼天立極」為道統的特質，說明「惟精惟一，允執厥中」，是道統傳承的中心旨趣。不過韓愈和宋明儒家的這一道統說是以儒家的政治、倫理和道德體系為依據，把古代的聖王和後代的儒家組織成一個系統。其目的是為了彰顯儒家內聖外王的精神，與當時大盛的佛家思想對抗。這是中國文化與印度文化兩個系統之間的對立。

然而印度佛學自傳入中國之後，受中國文化的薰陶，已逐漸的中國化，成為中國佛學，而中國文化也因印度佛學的影響，在思想觀念上呈現了異彩。因此宋明儒家們在承接先聖救世救人的抱負來說是偉大的，在建立儒家內聖外王的體系來說是有貢獻的，可是如果把道統只建立在與佛老對抗上，這無異使道統畫地為牢，窒息了道的生機。方東美教授曾有文質疑宋明儒家的道統說走偏了，而變成虛妄的道統（參見方東美，《新儒家哲學十八講·第一講》），這樣道統便成了門戶之見的學統，清朝熊賜履《學統》一書便是以這個觀點來編寫的儒學系統。

為了使道統不拘於儒家，我們在《中國哲學史話》裡，不僅把老莊看得和儒家一樣重要，同時也把中國的佛家融入了道統之中，甚至被孟子痛斥，為後人所忽略的楊朱，以及不為學術所承認的道教神仙之學，我們也都為他們各列一章，使他們也能參與道統的傳承。雖然他們並不都是公開標榜內聖外王的工夫，但他們肯定人性、為救世救人而努力的這一旨趣，卻是相同的。

我的第二本有關中國哲學史的著作是《中國哲學發展史》一書。該書前半部本是「中國哲學史」一課的講義，後來曾被邀在教育部舉辦的教育廣播電臺中講播了一年。後半部則是到美國講學時，陸續寫成的。該書的特色是偏重於哲學家思想體系的研究。由於重視體系，因此我先從整體來看，描寫整個時代哲學盛衰的原因，譬如春秋戰國為什麼諸子百家之學興起；秦漢時期為什麼獨尊儒學，反而儒家精神失落；魏晉隋唐時期為什麼佛學大盛，以及印度佛學如何轉變成中國佛學；宋明時期，為什麼儒家一面抗佛，一面卻又融合佛道，而建立起一種新的儒學系統；到了近代，西方思想衝擊了中國傳統，中國的哲學家們又如何因應求變。這是我在中國哲學史的發展中，每一個時代的環節上，去探討各哲學家們思想的共同特色，此一共同的特色即此一時代各哲學家們奮鬥的共同旨趣，旨趣雖同，但由於各哲學家們見解的不同、個性的差別，因此而有境界的深淺，及方法的相異。在中國最早有系統的從這方面來研究的，有莊子的《天下篇》，和司馬談的《論六家要旨》。《天下篇》說明道只有一個，各家學術都是把握道的一部份，而形成各派思想。《論六家要旨》則從聖王治道來說明天下一致而百慮，同歸而殊途的道理，以分析各家思想異同和優劣。我的這本書對於某時代的哲學發展，即是從這一整體的觀點來探討的，有如下圖：

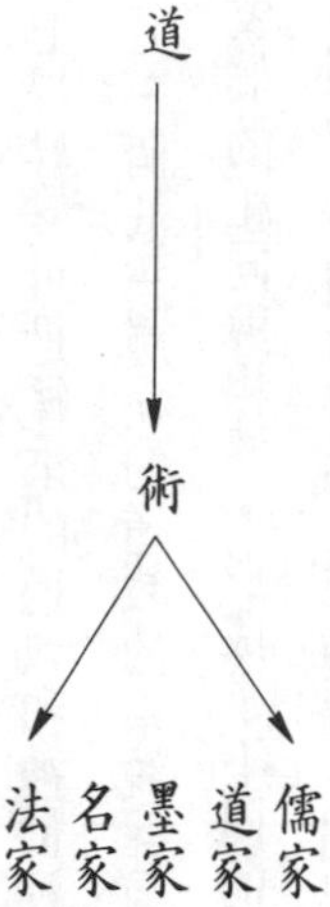

接著該書再從個別的哲學家的思想來探索。從他們各自不同的主要觀念，去看他們如何運用這些觀念去應付他們所要解決的問題，譬如孔子的主要觀念是仁，由仁一以貫之，而運用在政治、倫理，和教育各方面。孟子承繼了孔子的仁的系統，但由於時代的不同，到了戰國時期，百家競起，互相爭辯，所以他為了替仁建立哲學理論的體系，而向內，為仁發掘人性的基礎，強調性善；向外，為仁構搭通向德行，和德政的橋樑，強調義。到了荀子，面臨戰國末期的蛻變，雖然在大前提上，同屬儒家的理想，可是在方法上，卻越出了孔孟的仁的系統，而偏重禮。禮雖然也為孔孟仁的系統所包含，但荀子卻由禮另開出了一個法的系統，而構搭起由禮而法的橋樑。由於他的理論系統建構在禮和法的遞變上，所以他強調性惡，在人性的論點上，越出了儒家的系統。接著，他的兩大弟子韓非和李斯，便完全脫離了儒家，而成為法家的中堅。

再看和儒家完全不同的道家。雖然儒道兩家都同屬於一個道統，但道家以「道」為標榜，以「道」為宗派之名。這是因為儒家講人道，把道歸結到仁字上，成為仁的系統。而道家講天道，以道為依歸，完全是道的系統。老子和莊子同屬道家，他們的「道」，是以自然為本體。老子講「返」於道，莊子講「化」於道，兩者對「道」的返本還源是一致的。不過老子用「弱」，莊子善「忘」，這又是他們在方法和工夫上的不同。老莊的這套「道」的系統，重在生命精神的向上提昇。可是後來的道教和神仙丹鼎之學卻粘著在形骸上，這又越出了道的系統，而形成了另一個低一層次的道教的系統。

這些哲學家們的相同與相異，形成了不同的派別，以及不同的流變。相同處，呈現了共同的旨趣，而承接了中國哲學的共同道統。相異處，卻產生新的系統，有的使舊系統更為活潑，富有生命；有的卻支流末節，走入了斷岸絕港。他們的發展有如下圖：

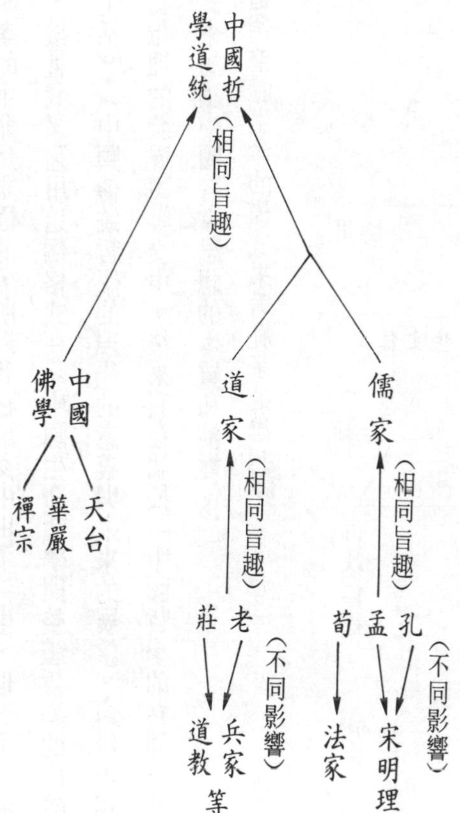

在第三方面有關中國哲學史的研究，是最近我撰寫了幾篇中國整體生命哲學的文字，以及開授了一門「中國哲學的精神及其發展」的課程。在這些文字中，我用一個「生、理、用」的三角關係，來說明中國生命哲學的本質和發展。

最先提出這個「生、理、用」的模式是在我的《孝的生命歷程》（參見拙著《關心茶》一書）一文中。因為孝在中國哲學裡，是一個最有生命的字，它和整個中國文化有著密切不可分的關係，也可以說孝是中國文化的命脈。可是近百年來，由於西方文化的衝擊，使得中國文化的根本產生了動搖，因此孝也就被視為陳舊的觀念、落伍的制度，而呈現了僵硬和衰退的現象。為了證明孝的生命是永恆的，所以我在該文中用了「生、理、用」的循環系統來說明孝的生命歷程，接著我又運用這個格式在《中國生命哲學與整體哲學的比較》、《中國傳統哲學與現代美國生活》、《中國傳統哲學的現代的意義與未來的展望》、《從中國整體的生命哲學看佛學在中國文化裡的發展》等文中。後來我在講授「中國哲學的精神及其發展」課程中，便是用這個格式來討論中國各家思想的本質和演變。

譬如用這個整體生命的模式來看孔子的思想：

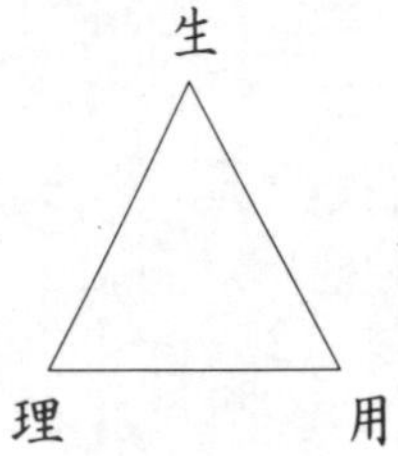

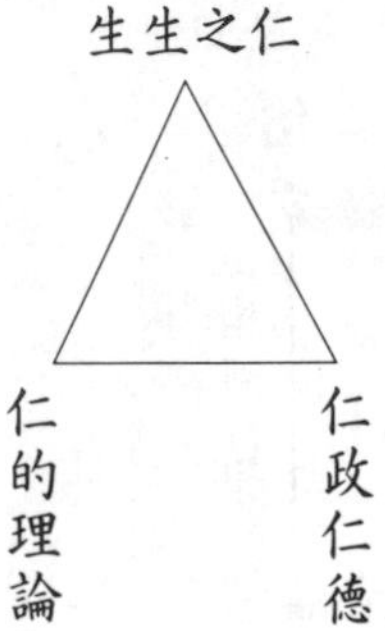

孔子的中心思想是「仁」。《論語》整部書中，當學生問「仁」，孔子的回答，都是仁的理論。因為凡是形諸文字的，都是理論。可是孔子論仁，並不像西方哲人一樣，討論仁的本質，仁的定義，或仁的概念，而是直指學生如何去行仁，如「樊遲問仁，子曰：『愛人。』」《顏淵》這「愛人」兩字不是理論，而是「實踐」。所以孔子討論「仁」的時候，都是在討論仁之用。這個仁之用，在國君來說，是仁政；就一般人來說，是一切德行如孝悌忠恕等。沒有實踐之德，仁的理便是空談。但這個「仁」之理，有它的源頭活水，就是通諸天道的生生之仁。孔子罕談天道，他是把天道貫注在仁字中來談實踐的。自孔子而後，有些學者把仁字完全放在愛字上來談，如韓愈的「博愛之謂仁」，這樣雖有熱情，卻無活泉。很容易便走偏了，乾枯了，因為只有一個存在的「生」，而無「生生」的不斷的創生。所以韓愈的博愛，便和墨子的兼愛混淆不清。這就是由於沒有把握住仁的生生之德。

再以這個模式來看墨家的思想，如下圖：

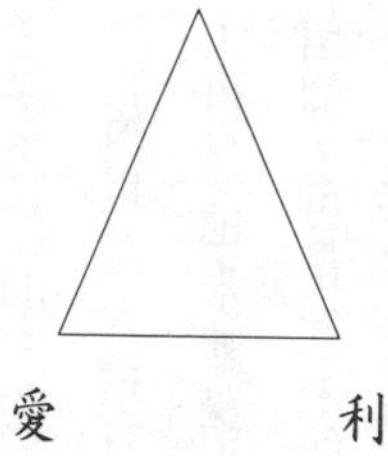

「愛」如果是墨子思想的中心，那麼「利」便是他對「愛」的實踐。由於墨子講「非命」、「明鬼」和「天志」，所以在天道方面是空虛的，甚至是混濁的，譬如他的「非命」原是為了反對儒家的講天命，可是他未能深入儒家天命的精神，而只在命運上批評。他的「明鬼」，本是為了建立宗教的信仰，可是他未能深入天道，而只以鬼神的禍福來嚇阻一般人們不敢為非作歹。至於他的「天志」更是沒有從天道生生之德上來體證，卻是把天當作無上的威權，來左右人們的心志。由這種種，可見墨子沒有上一截的生生，因此他所強調的「愛」不能上達，只有下降而與「利」為伍。他一面「兼相愛」，一面又「交相利」。以「利」說「愛」，於是便使「愛」成了「利」的工具。

以上我只以儒家的「仁」、墨子的「愛」來說明我在這一門課程中，如何以「生、理、用」的模式來探討中國哲學的本質及其發展。

比較以上所述，中國哲學的歷史事實只有一個，可是我個人的寫作態度和研究方法，卻造成了三種不同的系統。第一種是以哲學家們救世救人的精神為體系，第二種是以哲學家們所提出的理論為體系，第三種是以中國哲學的本質為體系。這三種系統固然可以分開來論述，但如果真正要把握中國哲學的生命，這三種系統卻必須疊合而不分的。譬如，就第一種系統來說，著重在道統精神的把握，可是在理論的分析方面不夠詳細，所以在「中國哲學史」的課程中，尚須第二種系統進一步討論各哲學家們理論體系的相互關係。可是，如果只講第二種系統，而忽略了第一種系統，又往往偏重知識的探討，走上西方哲學的路子，失去了中國哲學的那種救世救人的抱負。這樣說來，只有第三種系統「生、理、用」的模式可以概括前面兩個系統。因為如果我們把第一個系統表現得周全，自然合乎這個模式。中國哲人們的救世救人的抱負屬於「用」，但如何才能真正的救世救人，他們必須體承天道的生生之德，而建立一套合乎人性的理論。所以他們的「用」，也必須建立在「生」和「理」上。同樣，我們如果在第二個系統的「理」上真能發揮中國哲學的大義，自必須在「理」上去討論中國哲學家們如何體承天道生生之德，以及如何全體大用，去立教化、訂制度，把哲學的理論，致用於人生。

照這樣看來，第三個系統的「生、理、用」模式可以範圍前面兩個系統。這也就是我個人在寫作、研究，和教學的歷程中，近年來，常喜歡用這個模式來談中國哲學、佛學，和倫理道德等問題。然而運用這個模式，也有它的隱憂，因為如果只把模式當作一個格式，則容易抽象化，又變成了一套知識的系統。所以在運用這套模式時，不能忽略了生命的作用，這也就是本文要把這套模式寫成「整體生命轉化的系統」，特別強調「轉化」兩字。因為轉化是生命的功能作用，使這個系統不會知識化、抽象化，而能和自己的生命相契，有它活潑的生機。

（二）整體生命的轉化系統

這個標題可分兩部份來敘述，因為這兩部份在我的思路歷程上是前後相承的。

1. 整體生命的哲學

中國哲學是生命的哲學，這是中國學者一致公認的，無論是偏於士林哲學的羅光主教，或偏於新儒家的牟宗三教授，以及精於華嚴佛學和《易經》哲學的方東美博士，或強調中國整個人文精神的唐君毅教授，都有專書或專文強調中國的生命哲學。

中國的生命的哲學，與西方的生命哲學完全不同。在西方，生命哲學只是哲學中的一派，是以西洋哲學的方法，來討論生命的本質。也就是說他們仍然是把生命當作一個客觀的現象來研究。可是中國的生命的哲學卻不然，因為中國的哲學本身就是一種生命。它和西方的生命哲學有一個有趣的對比，它不像西方生命哲學一樣，去研究生命，而是活現生命、豐富生命。不僅它所研究的主題，都是有關生命的宏揚，而整個中國哲學就是一個生命的系統。前面我們提到的道的系統，也就是生命的系統。

宋儒張載有四句話可作為中國哲學的代表，這四句話即是中國學人們都知道的：「為天地立心，為生民立命，為往聖繼絕學，為萬世開太平。」雖然其中第二句指明了生命，但其他三句也都是有關生命的，如「為天地立心」，心是生命之主，所以這句話是為天地建立生命的主體。「為往聖繼絕學」，是道統的延續，也就是延續慧命。「為萬世開太平」即是為了世界人類創造一個生命發展的環境。現在再回到第二句話「為生民立命」，究竟立的是什麼「命」？顯然這裡的「命」不是指肉體的生命。因為肉體的生命不需要去「立」。要立的，乃是「精神」的「生命」，和「道德」的「生命」。也就是使生命衝破肉體的拘囿，而向上不斷的提昇，這正是中國哲學對生命宏揚的精神所在。

在生命哲學之上，我加了「整體」兩字，這是另有因緣的。我於一九七七年來美，先在某佛教大學任課，二年後轉到一間獨立的亞洲研究所任教。次年該研究所改名為整體研究所。起初，我還以為所謂「整體」乃是現代科際整合的意思。可是後來才發現，「整體」兩字是有來源的。因為該所的創辦人邱德利 (Haridas Chaudhuri) 師事印度哲學大師阿羅賓多 (Sri Aurobindo)。在印度，阿氏與泰戈爾，和甘地同代，也齊名。只是他的成就在哲學上。他寫了三十餘冊書，主要的著作，如《神聖人生論》、《瑜伽綜合論》。其實他的思想都偏重於瑜伽的方法，強調這個超越的心(Supermind)是宇宙人生動力的來源，它是「真如意識」、「真實存在的力量」、「創造的光輝」，「神聖存有和自然永恆的實體」、「思想和直觀統一的智慧」，也就是說超越心，統一時空，貫串物質和精神，是一切的根源和動力。邱德利承接了阿氏的思想，從瑜伽到哲學，提倡整體哲學。他應邀來美講學，因而創辦了今天的整體學研究所。

由於在整體學研究所任教，使我接觸到阿羅賓多和邱德利所提倡的整體哲學。我曾向校方建議，研究如何使整體哲學落實下來，成為一門容易了解，可以遵循的學問。雖然我的建議大家都同意，但這一工作幾年來並沒有顯著的成就。主要的是學者們談整體哲學，都是受限於阿羅賓多和邱德利的思想，無法突破。也就是說對整體哲學有興趣的學者，不是鑽研印度哲學，在瑜伽或靜坐方面去發展，便是把整體當作科際整合的模式，作一個拼盤似的擺設。因此對整體哲學始終沒有一套具體的方法。所以學生們在該研究所讀了好幾年，仍然對整體哲學的內涵不明所以。

由於這個原因，我把研究的觸角轉向中國哲學，發現阿羅賓多的這套整體哲學在中國哲學裡可以找到幾乎相同的理論和實證。說遠一點，莊子的思想便和阿羅賓多的哲學非常相似。譬如莊子所強調的那個至人的心，即真心，或常心，就和阿氏的超越心相似，它向上可以「與天地精神往來」（《莊子・天下篇》），而向下又可以和萬物相處，「不敖倪於萬物」。在這個真心的照耀下，萬物都各有真體，都能平等的，相偕而遊。這與阿氏超越心的下貫於萬物有相同的意趣。說近一點，熊十力的思想也可以和阿氏的哲學相對照。熊氏所強調那個萬化動力的本心，也和阿氏的超越心相似。而熊氏自稱他的哲學為玄學，充滿了形而上的創造力，這又和阿氏的豐富的創造力異曲而同工。

在這一對比之下，我自問是否中國哲學也是一種整體哲學呢？我的回答是，中國哲學裡有整體哲學的主要內容，但在精神和方法上，和印度的整體哲學又有所不同。即使莊子和阿羅賓多極為相似，但莊子在中國哲學裡只是一位很出色的哲學家，他的思想只能代表一派，而不能概括全部的中國哲學。至於熊十力雖然在某些方面與阿羅賓多相似，但精神理想方面卻大不相同，這不同處，就是熊氏的儒家思想，以及所承受的中國傳統文化的特色。於是我在他們這些相同和不同之間，試著去描畫出中國哲學是一套整體的生命哲學。

這個中國整體的生命哲學，就是我前一章所建構的「生、理、用」的循環相互影響的系統，用圖表示如下：

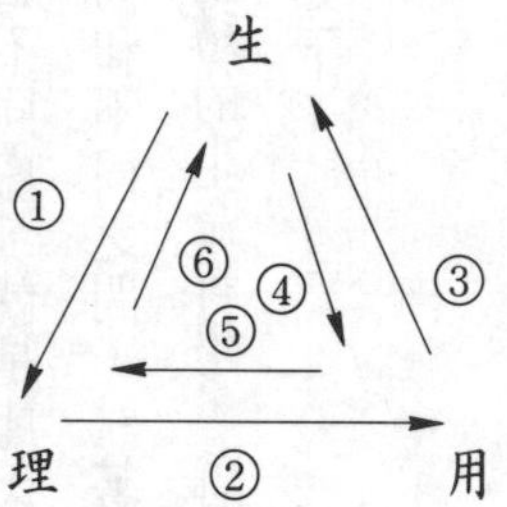

這個圖表我在幾篇有關中國整體生命哲學的文字中都已介紹過。在這裡，我們試從本文著重系統理論的角度來加以說明：

(1)「生」是指生生不已的天道。在西方哲學上，有形而上學，本體論，或宇宙論等範疇，這些與此處的天道不同。西方的形上學，和本體論都是抽象的、超脫的，也就是割離了人生和現象界，變成了概念的園地。這和中國哲學的天道，充滿了生命之力、人性之德顯然不同。另外西方宗教上的天國，也與中國的天道不同。前者是上帝的禁區，而後者卻是人間的樂園。總之，中國哲學的天道之生，乃是下貫現象界，與萬物同化的。

(2)「理」是指聖哲們所體證天道而建立的理論。中國生命哲學的理與西方哲學上的理論又有些不同。前者是道之理，或生命之理。它雖然是中國哲人殫精竭慮所發現的，但這些理卻與天道息息相通。也就是說天理與人理共一個理。至於西方哲學上的理論，高明者固然也能上達天理的，但多半是哲學家們根據他們自設的觀念、方法，推衍而成的理論。這些理論不僅不能與天道相通，甚至各哲學家的理論又互相割裂，自成體系，而別立門牆，不相往來。這即是《莊子．天下篇》所批評的道術為天下裂的現象。

(3)「用」是指實用，或實踐。這包括了個人的修養，和社會的運用。在中國哲學裡，所謂個人的修養，不只是指個人肉體的鍛鍊，如道教的鍊丹，和印度的瑜伽；或精神的修鍊，如靜坐禪定、除欲去知等，而是重在處世的修養。所謂社會的運用，不僅包括了前面所謂處世的修養，如《大學》上的「修身，齊家」，而且重在禮樂教化，移風易俗。

(4)上面的圖表，從①②到③，也就是從生到理，到用，再回到生。這一循環，是指聖哲們體證天道的生生不已，而建立了許多哲學的理論，然後再把這種理論運用到人生社會中，去建立禮樂教化、政治制度。但這種禮樂教化、政治制度的運用，由於時代變遷，逐漸的會走偏了，會僵化了，所以又須回返天道，使它們不失天道生生的原則。

(5)由④⑤到⑥，也就是從生到用，到理，再回到生。這一循環，是指人們的生活日用本是符合了天道生生不已的功能，只是一般人日用而不知。聖哲們從人們的生活日用中提取可貴的經驗，轉成哲理智慧。當聖哲們提鍊經驗時，必定參證天道。甚至把這種哲理智慧投射為天道，而作為一般人信仰的準則。正如《易經．觀卦．彖辭》上所謂的「神道設教」。這句話的意思不是聖哲們巧立名目，自創神意來左右人們的思想，而是把經驗提昇成神明之道，以教化人群。

(6)前面兩者是單線的循環。把這兩者合在一起便成雙線的循環，在生與理，理與用，用與生之間可以互相往來。這兩條一往一來的箭頭，就同於一個等號。也就是說「生」須有「理」，「理」必合「生」。「理」須能「用」，「用」必合「理」。「用」須能「生」，「生」必發「用」。由這種相攝相生的關係，所以中國的聖哲把生和理，最後都歸結在用上，成為一個「用」的系統。《易經．繫辭》上所謂「顯諸仁，藏諸用」（《繫辭上傳．第五章》），也就是說，把生和理都寄託於「用」上。由「用」為一切發動力。

(7)由於這個「用」的發動力，使這個「生、理、用」的關係，不是靜態的三角形，而變為動態的圓周，由過去到未來，逐漸的擴大，如下圖：

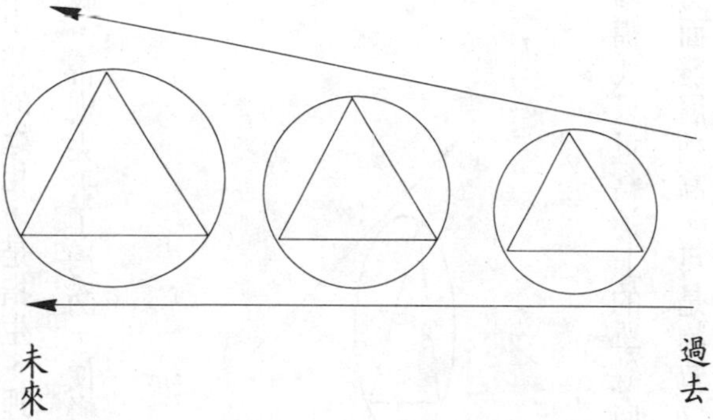

這些圓周的逐漸擴大，說明了由於時代演變，我們對天道體驗的加深、哲學理論的加強，以及運用的增大。中國文化裡常有一種世風不古的退化史觀，而西方文化中也有一種偏於物質

文明的進化論。但依照我們這個整體生命的哲學，卻是物質和精神兩方面的和諧配合，而成為中和的進化的發展。

(8)我們說中和的進化，是指生、理、用，均衡的影響作用，而形成的圓周，才能轉動自如、向前發展，否則失去了均衡，便變成橢圓，而不能中和的進化。如以下兩圖：

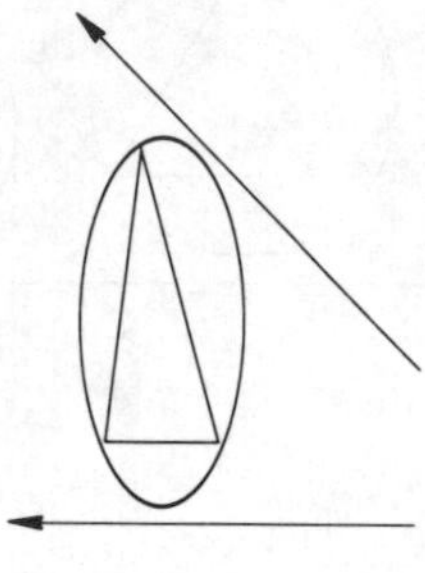

(A)

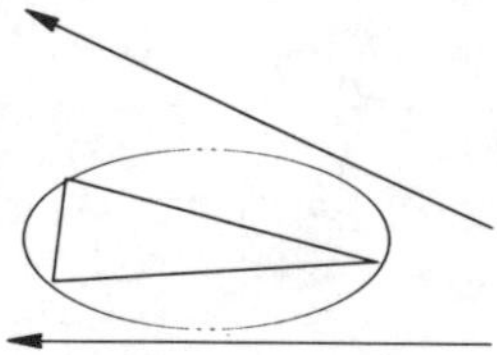

(B)

圖A表示這種模式只重精神上的單線向上提昇，而忽略了在「用」方面的開展，譬如印度文化，在宗教方面發展極高，可是物質文明方面卻甚為緩慢，所以變成了一個不均衡的橢圖。

圖B乃表示在物質方面開展得極快，而向上的精神方面卻極為欠缺，有如西方的現代文化，所以也變成了一個不均衡的橢圓。

綜合以上所述，我之所以在中國的生命哲學之上加「整體」兩字，一方面是為了有別於西方的生命哲學，只注重生命的本質。另一方面也是為了有別於印度的整體哲學，只重視生命的修鍊。我所謂整體的生命哲學，乃是說明天道、哲理，和社會人生的運用是一個整體的關係。中國哲學自堯舜禹湯開始，便是和政治、社會、人生結合在一起。所以哲學的生命，是人的精神的生命，以及由此精神的生命，透過智慧、理智，改善環境，移風易俗，以創造更能提昇生命精神的文化。這整個的發展就是整體的生命哲學。

2. 生命轉化的系統

在這個標題上，加了現代最流行的「系統」兩字。我們並不是要趕時髦，好談「系統」；也不是有意附會科學，去表現「系統」。而是在研究整體生命哲學上，用「系統」兩字，遠比「方法」兩字更能表達整體性的生命本質。

目前，在各學科中所廣泛運用的系統論，也只有五十多年的歷史。最先是一般的系統論，後來在六七十年代間，運用在工程學上，接著，物理學、數學、管理學、社會學、經濟學、心理學，甚至於哲學，都跟著去運用，使系統論成為一種新的科學方法。

我說它是一種新的科學方法，這有兩種意義：一是指系統論到今天為止，幾乎都是用在科學的研究上，或者是社會學的科學化的研究上。這種研究，強調整體，注重動態，比起以前的各種科學的研究方法，的確更為客觀，更為開放，所以說是一種新的科學方法，這是我對這種方法的正面的肯定。另一是指這種系統論仍然限於一種科學化的研究，也就是研究客觀的實體。不只是數學，物理，或工程學上如此，即使是在經濟學、社會學，甚至心理學上，也是如此。這也就是說只及於客觀的知識，尚未能達到主觀的精神，和心性道德的境界，這是我對這種方法的一點負面的看法。

對於前者在科學研究上的成就，都是專業化的問題，不是我所能談，也不是我所要談的。在這裡，我只對於後者，認為系統論的研究還有所不足，還有其他更重要的方面，極需開闢，也就是指前面所謂精神和德性的層面。雖然系統論運用在現代心理學上，已注意到人類精神的問題，可是他們的研究仍然局限在西方式的方法系統。譬如心理學上最近已重視家庭的系統，認為一個家庭成員，可能受到該家庭其他成員的影響，因此把這個成員放在他的家庭中來分析，這種方法比從前只注重個人問題的方法顯然較為進步。但他們只是為了這個成員，注意到其他成員的影響，及注意到家庭的問題。也就是說他們的方法，只注意個別所引發的整體，而並沒有強調整體性的個別。所謂個別所引發的整體，就是為了解決個別的問題，而重視整體。他們所謂的整體，也只是個別之間的互相關係、相互影響，和相互組合而已。所謂整體性的個別，乃是先有整體的精神，這種精神存於個別之中，使個別之中有整體，使個別與個別之間的關係、影響，與組合，不只是個別與個別之間的，而也是個別與整體的。這些話也許有點抽象，我們再用一個理論，和一個事實來說明如下：

在《易經・繫辭》中，有「易有太極，是生兩儀」（《繫辭上傳・第十一章》），老子《道德經》中有「道生一，一生二……」（《第四十二章》）等說法，我們採取一般對這個兩儀和二的解釋為陰和陽，這個一是太極。自太極生兩儀，兩儀再演變成萬象，或道生一，一生二，二生三，三生萬物之後，這個太極或道便在萬象或萬物之中。萬象或萬物都是個別，這些個別中都有太極，都有道，這就是我所謂整體性的個別。也就是說這些個別都是整體的存在。譬如在一個團體中有不同的個體，如果這些個體都有人性的至善，都有共同美好的信仰，那麼他們結合在一起，便是整體性的個別的存在。相反的，另一個團體中，這些個體都為了自己的慾望私利，雖然在某一個利害的關係下，他們也能結合，但他們只是個別的存在，呈現了整體的虛像，這就是我所謂個別所引發的整體。

再以一個事實為例，就用前面所舉的家庭來說吧！西方心理學家們也注重家庭的問題，他們對於某人的心理問題，在他的家庭中找到了原因。雖然原因找到了，可是如何診治呢？譬如丈夫心理有了問題，原因是家庭不和。而就丈夫來說，家庭不和的原因是妻子對丈夫不夠體貼。於是心理學家去找這位妻子，可是發現這位妻子心理也有問題，是同樣的原因，是丈夫對妻子不夠了解。這個問題已很清楚了，心理學家把丈夫和妻子約在一起，把問題攤開來分析給他（她）們看，也許就此能使他（她）相互了解，心理問題不藥而癒。這是心理學家解決家庭問題的功德圓滿。心理學家也收了一次成功的診療費。可是問題是否真正解決了嗎？並不盡然。如果夫妻兩人對家庭本身沒有正面的價值觀念，他（她）們自心又沒有自反的責任觀念，即使暫時的了解和忍讓，最後，還是有問題產生，到那時候，他（她）們也許不再向心理學家付費，而直接向律師付離婚手續費了。我說這些話，也就是指出一個家庭的存在自有其存在之道的意義。由於這個道，家庭中的成員才能和融的相合，這是因整體而使個別相融，不是個別相聚而有整體的幻像。父母子女夫婦的融合，是因為他們心中都有家庭的整體性而使他們相合的，不是他們住在同一個屋簷下，就是家庭。

從這些例子中，我們只是說明目前的系統論都用於科學研究方面，對精神生命卻沒有深入。而且在這裡，我還看出系統論從物質現象轉入精神生命層面，必須注意的問題。因為物質現象是機械的、單純的、容易控制的。譬如在系統中，各部份的組合，就等於整體。可是精神生命卻是自由的、複雜的，各部份的組合，卻有各種不同的變化。這種變化，不只決定於各部份，而且是決定於整體的力量。我的這種看法，最早見之於我對莊子的研究。《莊子》書中有許多寓言，都是以魚鳥樹木為例子。譬如首篇《逍遙遊》便是以大鵬的平飛水面三千里，再垂直向上九萬里，然後才展翅向前飛往天池。而在地面上的兩隻小麻雀便笑大鵬的大而無當，不像牠們要飛即飛，非常自由。這段寓言，本是莊子用來譏諷小雀的知淺，不識大鵬的功夫之深，視野之廣。可是注《莊子》的郭象卻誤會了莊子的意思，以為麻雀雖小，五臟俱全。大鵬不必譏小雀，小雀也不可笑大鵬。兩者如果都能盡其所賦，便都能逍遙快樂。其實這就是把物質的生命，和精神的生命混淆不清。因為物質的生命限於形骸，無法改變。小雀不能變大鵬，所以只有安於形體。就像人的物質生命，有長有短，有美有醜，我們無法改變，只有泰然處之。可是精神的生命卻不然，它的向上之路，卻是永遠的，無限的開放，我們本是一般的凡人，受形骸的拘限，可是我們的精神德性卻可以藉修養，而向上提昇，而為至人、真人。這是人性和物性不同的地方。以同樣的道理來看物理現象的系統和精神生命的系統，前者是偏於平面發展的「變」，後者是偏於向上提昇的「化」；前者是知識的累積，知識可以變得愈精、愈細、愈正確，但仍然是知識，後者是知識的昇華，知識可以化為智慧，甚至，知識可以化為德性。

今天，我們的系統論，都只注意物質、物理，和物性方面的變化，卻很少觸及精神、生命，和德性方面的轉化。我們談中國的整體生命哲學，就是為了在精神、生命，和德性方面開闢一個新的系統。這個系統我稱之為生命轉化的系統。

在談生命轉化之前，我們對「生命」兩字有所界定。依照一般生命的現象，我們暫分為以下的各種層次，如下圖：

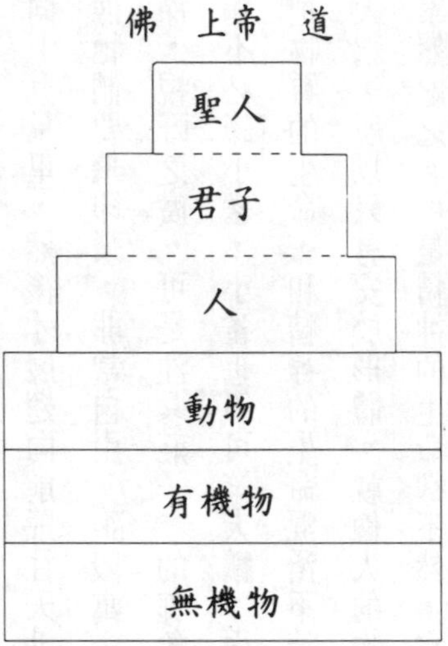

這是整個生命現象的範圍，自人以下，是屬於物質、物理，和物性的層面，這是屬於自然的變化。而自人以上乃是精神、生命，和德性的層面，這是我們所要談的生命轉化的系統。而在這個系統上的轉化，主要有兩方面，一是平行的轉化，一是上達的轉化。在分析這兩種轉化之前，我們先對轉化兩字有所說明。轉化和變化不同，變化只是在一個母系統內的子系統之間的互相銜接或發展。而轉化卻是這些子系統之間能互相突破、而轉變，或影響對方。我們說母系統和子系統是一般系統論的術語，就拿工程物理學來說，發射衛星入太空，這是母系統，而衛星和火箭便是兩個子系統。衛星的工作人員只要把衛星設計得功能卓越，而火箭的工作人員只要把火箭做到精密無誤，兩者合起來，便完成了發射衛星的系統。而在衛星和火箭之內，還有不少子系統，由各部份的專家去單獨設計，然後配合起來，便成就了衛星的功能系統及火箭的功能系統。就這整個系統來看，只要每個部份發揮它們應有的功能，便創造了整體的功能。這個結果是可以預期的。我們再用這個觀念來看人類社會，在表面上，似乎有很大的相似處，可以把整個工程的設計搬過來運用。譬如整個國家的安定是母系統，其中政府、家庭是子系統。如果政府、家庭都能發揮它們應有的功能，自然整體的國家便能安定。然而家庭這個子系統並非只有一個，而有各種不同的家庭。有的是富貴之家，有的是權勢之家，有的是小康之家，有的是清寒之家，有的是赤貧之家。我們要如何讓這些不同的家庭發揮它們應有的功能。我們暫不說這些家庭之內還有各種不同的問題，就往好的方面說吧，富貴之家固然可以盡富貴的功能，而赤貧之家又如何能安於赤貧，去盡他們的功能？這些都不是機械工程學的系統所能解釋。再以整個家庭的母系統來說，又有不同的子系統的成員，如父子、夫婦等。照儒家正名的理論，如父父、子子，各盡其名份，父慈子孝似乎是完美的理想。可是這畢竟是理想，在現實的社會中，卻有很多的是父慈，而子不孝；或子孝，而父不慈。同時父要達到如何的境界，才算是盡父慈的功能；子要做到如何的地步，才算是盡子孝的功能，這又不是系統工程論的方法可以測量的。所以在外表上可以用組織系統的觀點來分析的社會國家，已不是用機械物理的系統理論能夠範圍得了，更何況活潑的生命精神？

在人類社會，和生命精神的系統上，我們強調轉化，是因為這些子系統不是可以單獨的發揮它們的功能，而是必須突破它們自己系統的拘限，而滲入其他系統中，一方面轉變自己，一方面又能影響他人。就以前面我們所舉國家社會的系統來說，在儒家便有一篇最有系統的理論，就是《大學》中所謂八目：

古之欲明明德於天下者，先治其國；欲治其國者，先齊其家；欲齊其家者，先修其身；欲修其身者，先正其心；欲正其心者，先誠其意；欲誠其意者，先致其知；致知在格物。物格而后知至；知至而后意誠，意誠而后心正，心正而后身修，身修而后家齊，家齊而后國治，國治而后天下平。

這段話真是最精闢的系統平天下論。這段話常被前代學者認為是內聖外王的工夫。所以內聖和外王又是它的兩個主要子系統。在這兩個子系統下，又可分為八個小的子系統。整個系統論的架構非常完整。在這套系統中，有的子系統，功能性質相似，很容易銜接起來，如誠意、正心，和修身，而有的子系統，功能性質差別大，必須用大工夫去轉化它，才能使它們銜接起來，發生作用。譬如修身、齊家是內聖工夫，而治國、平天下是外王的事業，兩者功能性質差別大，在理論上可以說通，但是在實際上，卻並不那麼容易做到。試想，從格物、致知，到修身、齊家，這要花去我們多少的工夫，尚未能做得到，何況再進一步治國、平天下。就拿宋明儒家來說，雖然他們都推崇這套平天下的系統，可是他們窮一生之力，都在做內聖工夫。從內聖到外王的瓶頸始終無法突破，所以被譏為「平日袖手談心性，臨危一死報君王」，對治國、平天下，可說束手無策。再反過來看，歷史上有許多君王，談誠意、正心、修身的功夫可以說都不夠儒家的標準，至於齊家，更談不上，如漢武帝、唐玄宗等君王，但他們治國的功夫卻有一套，至少在他們前半生，把國治理得富強康樂，堪稱太平盛世。我們舉這些例子，也就是說明內聖和外王的這兩個系統的承接，並不是那麼單純，那麼容易，就像工程的系統，只要子系統各自發揮功能，便可成就整體的功能。內聖和外王的工夫，一個重德，一個重知，兩者差別大，因此必須花大力氣、大智慧，才能去轉化它們，而成一個系統。同樣，在這套系統中，還有兩個子系統也有傳承上的問題，就是格物、致知，和誠意、正心。按照朱熹的解釋，「格物」是窮究萬事萬物之理，所以由格物而致知，是屬於知識上的追求，是屬於知的工夫，而「誠意」、「正心」卻是心性修養，是屬於德的工夫。由知轉為德，顯然不是那麼容易做到的。在西方哲學上，蘇格拉底猶把知和德合在一起講，到了亞里士多德把知識和道德分開之後，這兩者在西洋哲學史上便分道揚鑣，愈走愈遠，成為兩個截然不同，而無法整合的系統。就我們日常經驗來說，也是如此，知識多的人，並不見得道德就好，同樣，有道德的人，也未必知識就豐富，所以這兩條系統如何能轉接，也須花大力氣、大智慧。到了明朝的王陽明，少年時醉心朱子格物之說，曾面對庭前的竹子，苦苦的格了七天七夜，結果弄得心疲力竭。直到三十五歲時，在被貶龍場驛上，某天夜裡突然悟到朱子把格物解作窮研外物之理這和下文的「誠意、正心」不能相通。於是他念頭一轉，把「格物」解作格除心中的欲念，把「致知」解作推致心中的良知。於是「格物、致知」成為修心的工夫，這與「誠意、正心」，便很容易連成一個系統。在表面上似乎解決了問題，可是問題卻在後面。由心性修養的工夫，如何能轉出「治國、平天下」的外王事業，仍然是困難重重。事實上，經王陽明的這一解釋，已把整個平天下的系統變為唯心論的工夫。這也就使得《大學》上的這套平天下的系統變了質，而成為明代儒家們心性的修養。事實上朱子把「格物」解作窮研事物之理，是否真正和王陽明的唯心工夫不同呢？其實不然，他所講的理，仍然是抽象得和王陽明的「心」差不多。因為他所謂的物，是面前實實在在的事物，可是「理」卻是另一套他預想好的「理」，他是把這個「理」，空降到事物身上，所以格來格去，還是早就說過的「理」，這是「理」的唯心論，仍然拘限在內聖的工夫上。就像發射衛星的系統，只有衛星，而沒有火箭。

由於朱熹和王陽明都是一代的大儒，所以他們的解釋就籠罩了此後對《大學》這套系統的所有理論，始終停止在內聖工夫上，轉不出外王的事業。最近我對「格物」一詞有另外的一個解釋，我認為朱子把「格」解作研究，王陽明把「格」解作格正，都符合「格」字的原義，但不必把玄妙的「理」和「心」摻進去，使原本很樸實的方法，變得玄奧艱深。我以為「格物」就是「研究」萬物的事象，而各「正」它們應有的功能。也就是了解萬物的性能，使萬物各正其位，各正其用。譬如樹有樹的功能，草有草的功能。「格物」就是了解它們，發揮它們的功能。做到這種「格物」的工夫，自然就能培養真知，也即是所謂「致知」。「致知」不只是對事物的一般認識，而是較為深入的了解。譬如我們知道木材的性能，知道用木材可以構搭房舍，這是格物。我們知道房舍能禦寒，而更知道如何興建房舍，以保護人類，這就是由格物而致知。但「格物、致知」如果是知的系統，又如何與下面的「誠意、正心」的德性系統產生密切關係呢？因為「知」有各種不同的層次，有低有高，有淺有深，有小有大。「知」之所以有不同的層次，是由於「知」必須能運用。在運用上有兩方面，一是平面的，一是垂直的，前者，如古人架構小茅屋，是知；今人建築高樓大廈也是知。雖然其間有簡單、複雜的不同，但都是在同一個建築系統上的知。後者，如在建屋時，想到不要偷工減料，要切切實實，房屋才能堅固，沒有危險，這是在知中滲入了道德觀念。再如看到很多人沒有房舍，因此設法減低利潤，建造更多的房舍，以福利更多的人群，這是在建築的知上，向另一德性的知提昇。所以說如果能致「真知」，自必能在這「知」的提昇上，發揮了誠意的真心。這就是我所謂兩個子系統的轉化。再說從「修身、齊家」，到「治國、平天下」，這是內聖系統，轉入外王系統。在傳統中國哲學上，都把《大學》的這套平天下系統，當作君主，或領導者一個人的工夫，從格物、致知、誠意、正心、修身和齊家，都是一個人德性的修養，直到治國，才不限於德性，而必須有成物的「知」。可是傳統的解釋，只重視前面內聖的一截，而忽略了外王一截的工夫。譬如談到齊家與治國之間的關係，《大學》上說：「一家仁，一國興仁；一家讓，一國興讓；一人貪戾，一國作亂。其機如此，此謂一言僨事，一人定國。」顯然是為治者一人一家而已。這是無限膨脹了內聖修養的重要，而在外王的治道方面卻未能轉入，也就是由德轉知方面的工夫不夠。譬如「齊家」不只限於為治者一人之家，同時他更注意到每一個家。如《禮運大同篇》的「鰥寡孤獨者，皆有所養」。這就是今天所謂家庭的社會福利。這在中國古代的制度中本來是重視的，可是後代只注意內聖的工夫，把外王當作內聖的延續，以致於萎縮了。也就是從格物、致知、誠意、正心、修身、齊家，都是德性的修養，而把治國、平天下也當作這種德性修養的一種延續。於是在知性方面便開展不出來了。所以我在這裡加強轉化兩字，即是說明從「修身、齊家」，到「治國、平天下」，必須是由德性轉變到知性的工夫。不是用德性一竿打到底，而減弱了「治國、平天下」的智慧。

由前面看過所謂「轉化」的意義和重要之後，我們再進一步談談生命轉化的兩個方面：平行的，和上達的。

在平行的轉化上，就是在同一層次，不同子系統之間的突破與開放。譬如科學的知識是一個系統，研究科學的人，如果限於這一個系統的知識，而自以為科學可以解釋一切，這便成為封閉的系統。相反的，他的心境如果能突破科學的知識系統，而能欣賞文學，了解宗教，重視哲學等其他的系統，這並不是說，他同時要做科學家、文學家、宗教家、哲學家，而是說他能突破科學知識系統的拘限，而能開放到其他的系統。這樣，他的知識的系統便能轉化，由小知而大知，也能由純知而進入精神的層面。

上達的轉化，是下一層次向上一層次的提昇。其實上達的轉化本來也作用於平行的轉化中，因為在平面系統的轉化中，每一轉化，必然層次向上提高，譬如科學家不限於科學的知識，而他自身也能悠遊於文學、宗教、哲學的領域中，他的精神層面自然向上提昇。孔子所謂「下學而上達」，也就是這種境界。但我們之所以在平行的轉化外，特別強調上達的轉化，是因為在平行的轉化中，有時候非但不能向上，反而向下墜落。這是一種轉變，而不是轉化。

譬如一位科學的研究者，他雖然突破了科學知識的系統，但當他進入了宗教的園地後，並沒有把握住真正宗教的精神，而好奇的探討許多怪誕不經的神祕的學說，這樣非但在宗教的系統中不能提昇他的精神，而在科學知識的系統中，他也違離了科學的原則。這是在兩個系統轉換中的失落。在中國古代哲學中，如董仲舒以儒家思想為主，摻雜了陰陽五行之說，使他的那部《春秋繁露》，便成為系統混濁、精神下降的作品。再如由道家哲學，轉變到道家的宗教，許多道教的神仙思想家把握不住老莊的原始精神，而粘著在形體軀骸上，這便是道教系統的下墜。針對這些系統因轉變而失去了原有活潑的生命精神，我們才特別強調上達的轉化，使生命往上提昇。

基於以上的了解，我們重視整體生命轉化的系統。但如何去推動這個轉化的作用，我們應有以下的幾點認識：

(1)忘我而自化

系統論用在工程學，或物理學上，較為單純。用在人的問題上，便非常複雜。因為人設計了某一系統，有時卻為自己所設計的系統所限制。譬如學術上的門戶之見，都「是其所非，而非其所是」（《莊子・齊物論》）記得在一九八四至八六年間我曾三次參加一個宣揚世界各宗教融和的會議。我兩次代表儒家，一次代表道教。與會者都很奇怪我的代表性，他們都把儒家當作儒教，好像我轉宗教轉信仰轉得那麼快似的。該會的主持者是希望促進各宗教的了解與和諧，而與會的各宗教代表也都有這種共識。可是在談到各宗教的層次時，每位代表都以自己的宗教為高。這也就是說大系統的設計是追求整體的融和，可是其中的子系統卻始終限於它們的自我，不能轉化。

這個不能轉化的障礙，就是自我的拘囿。老子說：「不自見故明，不自是故彰。」（《第二十二章》）《論語》中也說：「子絕四：毋臆，毋必，毋固，毋我。」（《子罕》）莊子講：「吾喪我。」（《齊物論》）佛家強調破我執，甚至破法執，都是要我們打破自我的拘限。這就是忘我的工夫。

忘我而後能自化。自化有兩層意義，一是藉超脫自我的執著，以化除掉自限的障壁。二是藉自我的開放，以提昇精神，與萬物同化。《莊子・齊物論》中那段夢蝴蝶的妙喻，就是說明莊子能忘我，才能與蝴蝶同化。莊子的故事雖然是形而上的妙境，但落實來說，就是不要把自己緊鎖在自築的觀念圍牆內。要先打開自己的心扉，才能容納別人。也即是先突破自我的系統，才能進入另一個系統，使這個「我」有更廣更新的天地。

(2) 推己以及物

物質的生命，只是一種固定性能的作用的存在。一般動物的生命，只是某些感官上的反射作用的存在。只有人的生命，是有心知作用的，是有德性自覺的。人之所以有心知和德性，乃是由於人有反省和移情的功能。在儒家的用語就是一個「推」字，即推「己」以及人，推「己」以及物。物質和一般動物不能推，所以它（牠）們的存在與活動，被拘限在天生的形體和官能的系統內，無法突破、轉化地去了解其他系統。椅子永遠不知桌子的存在，貓兒也永遠不會感覺到老鼠的危機意識。可是人卻不一樣，他能從自我的感覺向外推，而突破人與人，及人與物的系統障壁，而了解他人，愛憐萬物。我們可以看看《孟子》書中的一段千古妙喻。

（齊宣王）曰：「德何如，則可以王矣？」曰：「保民而王，莫之能禦也。」曰：「若寡人者，可以保民乎哉！」曰：「可。」曰：「何由知吾可也。」曰：「臣聞之胡齕曰：王坐於堂上，有牽牛而過堂下者，王見之曰：牛何之？對曰：將以釁鐘。王曰：舍之，吾不忍其觳觫，若無罪而就死地。對曰：然則廢釁鐘與？曰：何可廢也，以羊易之。不識有諸？」曰：「有之。」曰：「是心足以王矣！百姓皆以王為愛也，臣固知王之不忍也。」（《梁惠王上》）

在這段故事裡，齊宣王聽到牛在被宰前的恐懼的嘶喊聲，而產生了不忍之心，這是拿自己的感受去憐惜被宰的牛。這是打破了人與牛之間的隔閡。那麼為何齊宣王卻說「以羊易之」，因為當時沒有聽到羊被宰的哭泣聲，所以羊對他當時來說只是一個觀念上的物體而已。只有他在親耳聽到牛的嘶叫聲，這才是生命的當體的交流。這是兩個系統突破的同情心。但他的這種感覺只是暫時的、感性的。孟子抓住這點，讚美它是不忍之心，而把它推廣到愛百姓，使暫時的感覺，變成永久的仁心；使感性變成智性。這便是一種推己及物、推己及人的轉化作用。

(3) 返本以還源

就系統論來說，今天運用在各方面的特殊系統，不知凡幾。我們無法一一去研究它們的特質和作用。如果我們要研究系統論的原則，只有返本還源，去了解系統論的基本原則是：著重整體性，其中每個子系統的功能作用，和合起來，就是整個整體系統的功能作用。這個簡單得幾乎平凡的系統原則，卻可以通用於各種不同的學科、不同的專業。

這個返本還源所得的基本原則，就像中國哲學裡的道。在社會人生的運用上，倫理有倫理的規矩，政治有政治的法則，其間的不同是複雜的、不易相通的，可是當我們回歸於「道」之後，由「道」的素樸無為，便可以下貫各系統，使它們同合於道，而互相融通。譬如韓非受老子影響，強調「事在四方，要在中央」，認為臣子要有為，君主須無為。因為一國之內的每個地方都是政事細節，必須有為的方法去實行。可是君主在中央卻把握幾個最基本的原則，無為而治。如果中央沒有最基本的原則，那麼地方上的庶務，各行其是，便將亂成一團。所以這個「要在中央」，就是道的整體性。

在系統的轉化中，有時，我們也許遇到子系統之間有壁壘分明、不易打通的地方，如果我們能返本還源，回歸道體，然後再來看這些子系統，便會無所不通了。譬如在是非、生死、禍福、貴賤、成敗之間的障壁，使我們患得患失、煩惱無窮。莊子說：「恢恑憰怪，道通為一。其分也成也，其成也毀也，復通為一。」（《齊物論》）。所以達到道的境界後，自能消融這些差別現象而為一。

⑷精義以致用

《易經．繫辭》上說：「精義入神以致用也。」（《繫辭下傳．第五章》）可見「致用」並不是那麼容易的事，那麼隨便的事，必須在義理研究到精妙處，才能致用。義理的研究畢竟是「知」的工夫，可是到了精妙處，就能入神，也就是進入智慧的境界，然後才能起大用。到了「用」之後，猶如萬川歸海，所有不同的理論，便都化成了「用」的動力。

對於這個「用」的重要，我舉一個特殊的例子來說明。三十多年前，中國出了一位平凡而又不平凡的人叫雷鋒。他天生喜歡幫助別人，為社會服務，不求名，也不求利。事實上，他的文化水平不高，所以也不是為了實踐某一理論而如此的去做。中共政府便以他為榜樣，呼籲全國的人民學雷鋒。為了宣傳，於是便把雷鋒塗上了馬克思主義的色彩。事實上，雷鋒只是生性喜歡為別人服務而已。這是一種「用」，不只是共產的，也是儒家的、佛家的、基督教的，所以真正純粹的「用」是沒有派別的不同。就雷鋒本人來說，是自然質樸的「用」，即日用而不知的「用」。可是當中國政府「用」他來作模範，喚起全國人民去學他的「用」時，這是有意識，有計劃的「再用」。「再用」用得純正時，是運用；用得不純正時，是利用。這個「再用」就是把素樸的「用」，提到「理」上來檢討，用某一種「理」去支持用。可是回到「理」上，於是問題便複雜了。因為有各種不同的「理」，需我們抉擇，所以我們說「精義」以致用，就是要在「理」上把握得純正，「用」才會純正。

就「生、理、用」的整體生命哲學來說，不論何種宗派，在「理」上必然是各說各話，見解不同。如果他們能在「生」的天道上，殊途同歸，都消融於「道」中，這是精義的入神。於是在「用」上，便能真正福利人生，而無不同。譬如基督教的理論雖然和儒家、道家、佛家不同，甚至在中國的基層社會中都是受以上三家的影響，可是許多真正「致用」的西方傳教士，在山區，在窮鄉僻壤，救濟貧窮、從事義診，這和儒道佛的精神又有什麼差別。今天慈濟功德會在臺灣盛極一時，如果我們把它傳教的文宣放在一邊，他們所做的實際工作，和基督教的救世軍又有什麼不同。我們作這番比較，就是特別強調在「致用」上，可以打通長期以來在宗教系統上所造成彼此不能融通的心障。

(5)轉知以成德

在佛學上本有「轉識成智」之說，「識」就是知識，「智」就是智慧。但佛學上的識偏於內心的觀念意識，而「智慧」也含有較為複雜、玄妙的宗教修鍊。也就是說他們的「轉識成智」的工夫，都用在形而上的境界。而我此處講「轉知以成德」，在本質上與「轉識成智」並無不同，但卻是就日常生活的「致用」上來講的。

中國的整體生命哲學，基本上是建立在用上。講德行，就是為了「致用」。可是近代以來，由於西洋哲學的感染，偏於觀念的分析，因此對於中國這套「致用」的德性哲學也把它當作觀念來分析。西方的哲學是觀念的遊戲，而中國的哲學也變成了德性的遊戲。

遊戲必有規則，於是各種方法論紛紛產生，而根據這種方法論所形成的系統學說，也競相成立，如唯物論、唯心論、唯名論、唯實論。於是各是其所非，而非其所是，他們的系統是排外的系統。我有一位來自上海復旦大學的研究生，她曾寫了一篇二十年來（即自文化大革命以後）中國學者對老子的研究。我一看之下，發現所有論文只有一個主題，就是判斷老子是唯物的，或唯心的。這是他們共同的遊戲規則，以他們自設的系統，系統了老子，畫地為牢，把老子放在其中，來鬥爭，來批判。

我講這番話，就是為了說明哲學的研究，本來偏於知性，如果我們局限在知的系統中，轉不出來，便使這個「知」走得愈來愈細，愈來愈偏，失去了它的生命精神。

在這裡我講「轉知以成德」，就是要在知上提昇，以衝破「知」的系統。這種說法，好像需要大力量、大工夫，才能衝得破。其實在運用上很簡單，我們只是日用而不知。譬如《老子．第二十八章》上說：

知其雄，守其雌，為天下谿。為天下谿，常德不離，復歸於嬰兒。知其白，守其黑，為天下式。為天下式，常德不忒，復歸於無極。知其榮，守其辱，為天下谷。為天下谷，常德乃足，復歸於樸。

這段話裡的「知其雄」、「知其白」、「知其榮」是屬於「知」的系統，可是「守其雌」、「守其黑」、「守其辱」，卻不屬於「知」，而屬於「行」。因為這個「守」便是一個工夫字。可是有許多讀老者，只看到知性的一面，於是把雌雄、白黑、榮辱當作相對的概念。於是老子便成為用「反」用「知」的權術之流。其實，「守」雌的雌，已不是和雄相對的雌，和雄相鬥的雌，而是轉化雄的母。「守」黑的黑，也不是和白相對的黑，更不是污染了白的黑，而是把白轉入了內心，成為玄深的智慧。「守」辱的辱，不是和榮相對的羞辱，更不是敗德喪行的恥辱，而是不求虛榮、謙卑自牧的處辱。所以老子才說它們不離「常德」。明明白白的標示了，它們都是一種德。

我舉這個例子，在中國哲學裡，這種轉知成德的思想到處都是，也就是說並不需要寫大篇理論去說明如何轉知成德，而是在他們行文中，一談運用，便立刻由知而德。甚至在一句話中便轉了過來，如孔子的「好學近乎知」。這是孔子替「知」下的定義，今人要研究這個「知」，恐怕寫一本知識論也談不完，因為談來談去，仍然在知的範圍。莊子所謂：「吾生也有涯，而知也無涯。」（《養生主》）什麼是知的範圍？什麼是知的究竟？這又是多麼複雜的問題，可是孔子的「好學」兩字，一面托出了知的無限，一面又立刻轉化為德行。因為好學是謙虛。只有謙虛、不斷的學習，才是真正的求知之道。由於謙虛的好學，使得「知」不致因驕傲而自限了它的開展，反而變成了無知。所以「轉知以成德」，在成德之後，反而又促進了知，向更高的層次提昇。

最後，我們把前面兩部份：整體生命的哲學，和生命轉化的系統合起來，就是本文所要講的整體生命轉化的系統。在這個系統上，我們重視的是「生命轉化」的工夫。人和萬物都具有形骸的生命，可是其他動物卻受拘於形骸之內。人的形體雖然也受形骸的拘限，但我們卻可以用智慧、德性，使生命轉化，而衝破形骸的拘限，達到莊子所謂「天地與我並生，萬物與我為一」的境界。在本文中，我們挪用了「系統論」的系統一詞，也是有意的希望系統論者，能注意到精神生命的轉化。打個譬喻說，當我們用系統工程學的方法，設計了火箭和衛星，把衛星送入了太空軌道之後，我們的任務並沒有完了，相反的也是開始，我們更要進一步去研究，由衛星的資訊轉遞，如何促進人與人之間的了解，打破文化與文化之間的隔閡，以締造一個真正世界大同的社會。這才是真正生命的轉化，由科學文明而轉化為精神文明。

§

二、中國傳統哲學的現代的意義與未來的展望

（一）什麼是傳統

這個題目有三個要點：一是「中國傳統哲學」，二是「現代的意義」，三是「未來的展望」。首先，我們必須對「中國傳統哲學」有所界定，了解什麼是中國哲學的特質，然後才能談「現代的意義」和「未來的展望」。

我很少用「中國傳統哲學」一詞，因為「傳統」兩字的一般解釋，往往把它和「現代」

對立。很多人提到「傳統」時，總意味著那是過去了的、陳舊的、不合時宜的，也就是不合現代化的。這種想法用在生活上，雖然未必完全正確，但還有事實的根據。因為在生活習俗上的一些傳統的觀念和制度的確是不能適用於現代的。可是以「傳統」兩字來稱呼「中國哲學」，便會有很大的錯覺和偏差。因為語氣間，好像我們有兩套哲學在對立著，一是傳統的，一是現代的。而且前者須靠後者的認可、支持才能生存似的。

其實，中國哲學沒有傳統和現代之分。因為我們根本沒有現代的中國哲學。在臺灣，所信奉的是三民主義，除了政治制度外，關於思想部份，國父說得很清楚，是承襲中國固有的道統，即是中國固有的哲學。也就是說三民主義的哲學，仍然是中國哲學，並沒有開展出一套和古代哲學不同的現代哲學。至於臺灣的許多學者所研究的現代哲學，只是西方的哲學，也不是中國的現代哲學。再說，在中國大陸所奉行的馬克思主義思想，雖然有別於中國傳統哲學，但這一套思想多屬政治方面的理論，最多只能稱為政治哲學，而且也是西方傳來的，當然不能算作中國本土的中國哲學。所以不論臺灣或大陸，我們都沒有足夠的理由稱中國哲學為傳統的中國哲學，因為我們都沒有從古代哲學中走出現代哲學來。

不過話又說回來，我們在心理上，的確把中國哲學當作傳統的，好像是傳到現在已很困難，再傳下去更不大可能。因為臺灣的西方化，或現代化，已逐漸使人民不自覺的離開了中國哲學；而在上位的人，以經濟掛帥，幾乎沒有興趣，即使口號式的呼喊一二聲，來強調中國哲學。同樣大陸自五四運動以來，接受西化的思想，而近幾十年間的馬克思主義的生活型態，以及最近幾年來，人民又熱衷西方化的生活享受，這已說明了人們早已不知中國哲學之為何物。由這一現象和趨勢來說，我們稱中國哲學為中國傳統哲學，這是多多少少意味著，中國哲學是古代人的思想觀念，早已為現代的中國人所遺棄。而本論文的標題，也多多少少使人以這種感覺來談中國傳統哲學對現代的意義，和未來的展望。好像中國哲學早已被大多數的人所否定了，現在我們這一小撮猶有「古意」的學者，一廂情願的，關起門來，在那裡大談如何復興中國傳統的哲學。

這種感覺雖然是事實，但中國哲學並沒有僵死。如果中國傳統哲學真像古董一樣，縱然我們把它從地中挖出，把它珍藏起來，它的價值也只是供少數人賞玩，供少數學者研究而已。它並不能真正和現代的生活融合起來，即使我們為它說破了嘴，也是白說的。由於這個原因，本文不願在心理上，先把「中國哲學」當作「傳統了的」來看，所以避用「傳統」兩字，而直接稱「中國哲學」。這意味著這套哲學是中國的，是中華民族相傳的；它使中國文化之所以為中國文化，中國人之所以為中國人。

(二) 中國哲學的特質

也許有人會問，既然中國哲學是中華民族相傳的思想，那麼是否有時候會傳不下去，而有所改變，如歷代的文物制度不是每代都有所改變嗎？其實中國哲學和文物制度不一樣。文物制度是因時代而立的，所以隨時代而有改革。可是中國哲學卻是整個民族智慧的結晶，它是指導整個民族生活的原則。這個原則有其永恆性的一面，至於如何運用這個原則去建立制度，當然有其因時制宜的一面。在這裡，我們之所以要研究中國哲學的特質，也就是為了要發掘它永恆的一面。唯有把握住這個特質，才能判斷它在今天和未來的價值和意義。

1.中國哲學是一套生命整體之學

「哲學」一詞是從西方轉譯過來的，很多近代學者談到中國哲學仍然粘著在西方的哲學型態上，也就是以西方哲學的觀念來看中國哲學。其實，中國哲學自有其特殊的內容和方法。

它是一套生命整體之學。這一簡單的定義，使它有別於西方哲學的觀念分析，也有別於印度哲學的宗教信仰。雖然西方哲學中也有生命哲學，但他們只是對生命的觀念作分析，並不像中國哲學一樣重視生命的實際發展，如生命在家庭、社會上的意義。雖然印度哲學也有整體的追求，但他們的整體只是瑜珈的整體，只是精神上的向上溝通天人。不像中國哲學的整體，除了天人之外，更兼重倫理、政治方面的整體發展。為了說明這一特質，我用一個三角形的關係來顯示中國哲學的三個要素：「生」、「理」、「用」之間的互動的生命現象。

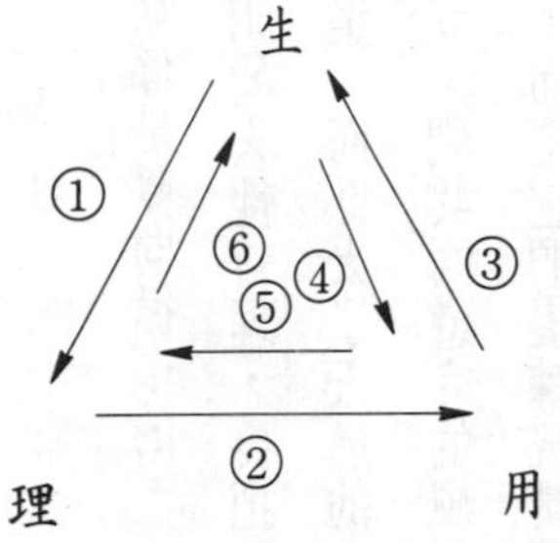

這裡的「生」指生生不已的天道，即《易經・繫辭》上所謂：「天地之大德曰生。」「理」

即哲理，也就是先聖先哲們「繼天立極」為人類所樹立的德性的標準，和倫理的規範。「用」即實踐，這是透過了社會制度，和生活習俗，把聖人的哲理付之實用，使生命能夠綿延，能夠光大。

這三方面的關係是雙向循環的。第一條路線（由①而②而③），是由聖人們體認天道的生生不已，而建立高明的人性哲理，再把這種哲理實踐於家庭倫理、政治社會中。最後這種實踐又向上深契於天道，而弘大了天道的內容。另一條路線（由④而⑤而⑥），是由先民在自然中獲得的經驗，建立人們共同遵守的風俗習慣。其中的道理，他們也許「日用而不知」。聖人根據這種風俗習慣，而把它們提鍊成精深的哲理，最後又把它們歸之於天道，而豐富了天道的意義。

由於這兩條路線的相互影響，相互提昇，使得中國哲學的整體生命，綿延不斷，與天地合流。現在就讓我們進一步看看這三方面的特質。

2. 中國哲學的天道意義

由以上所謂生命整體的發展，我們可以看出中國哲學裡的天道有它特殊的意義。天道雖然不離「自然」，但卻不同於素樸的自然界。因為先哲們是從自然的流衍中提取了生生不已的原理，來作為人與自然和諧相處的指導原則，而稱之為天道。天道雖然有它無窮的生命力，但卻不同於宗教裡的上帝，因為這種生命力卻是透過了先哲們的智慧，把它和人的生命結合。這也即是天道的另一種稱呼，叫做天命。天道雖然是宇宙形而上之學，但卻不同於西方的宇宙論，因為宇宙論乃是向外研究物質的生成變化，而天道卻是透過了先哲們的道德體驗，相信天地是有德性的。所以天道的一個簡單定義乃是以人性自覺之德，去體認自然生生不已的性能，而建立的一套思想的最高原理。

人性自覺之德是屬於人的，為什麼先哲們卻要高推上去，稱為天道？這是因為先哲們要使這一原理，超乎相對的觀念，而成為更有普遍性、永恆性的指導原則。譬如天地是否有心，這在哲學理論上往往各有主張，無法得到結論。但不管天地是否真的有心，我們卻可以為天地建一個心，如宋儒張載所謂「為天地立心」。這裡所立的「心」就是天道。這就好像我們送一個人造衛星入太空，藉此可以打開天空的祕密，同時也可以傳達全世界的信息。同樣的，先哲們所確立的天道，也有兩個作用：一是有助於天人的溝通。因為這個天道根本是由人性自覺之德去建立的，所以它沒有神祕、沒有威權。而是近情、合理，和人性相通的。二是為人間的道德建立形而上的基礎。因為社會上的道德觀念和行為，往往因時因地而有不同。如何去調和這些不同，以及如何去變革求新，卻必須有天道的依據，才使我們一方面能把握道德的本質，一方面又能應變求通。

3. 中國哲學的理論根據

所謂理論本是指哲學家們所建立的一套學說體系和方法。但中國哲學的理論，和西方純知識性的理論不同。它是由先哲們「繼天立極」，也就是繼承天道而為人類樹立一個最高的標準。然後再建立一條由下而上的通路，把人性的正面發揮出來，而臻於最高的理想境界。所以中國哲學的理論，可說是一種有關德性修養的體系和方法。

談中國哲學的理論，一部哲學史也說不完。在這裡我們只能約歸三個主要的流派：儒道佛三家，而就兩個根據來論。這兩個根據是：人性本善，和人人可以為聖賢。

先說人性本善的思想。中國哲學家裡，除了荀子主張性惡、韓非等法家支持和利用這種性惡的見解，以及告子主張人性可以善可以惡外，絕大多數的哲人是承認人性本善的。而且這種人性本善的思想成為中國文化的基礎，如《三字經》劈頭便說：「人之初，性本善。」這也是絕大多數中國人所肯定的。中國人的這種思想和他們的天道觀念正是相通而互補的，因為天地的生生之德，也正是人性的好生之德。對於人性是善是惡，就像天地是否有心一樣，不是憑理論可以決定的。因為善惡是相對的價值觀念，而人的本性卻是絕對的本體。用善惡去描寫的人性本體，已經不是真正的人性本體，而是理論的假設。性善和性惡都是一種理論的假設，說不上誰是誰非，但要看它們的運用是否周延，是否利多於弊。中國哲學、中國文化，和中國的風俗習慣，自古以來都是從人性本善上開展出來的。唯有人性本善，人生才有尊嚴，一切的倫理道德才有根源。

再說人人皆可以為聖賢。這是所有中國哲人們共同堅持的。儒家說人人皆可以為堯舜，道家也主張人可以憑修鍊而成真人，佛家的禪宗更直說見性成佛。這種觀念的重要，乃是打開了人性向上提昇之門，使我們可以憑自己的努力而成為理想的人物。

中國哲學的理論很多，我們特別強調以上兩個觀念，因為由於這兩個觀念，才使得人與天相通，才使得中國哲學本於人性的至善，而成為一套德性的修養工夫。

4.中國哲學的實踐途徑

理論是思想的產物，唯有把理論加以實踐，理論才不會變成空洞的觀念。中國哲學的生命就在於它把理論具體的運用在實際生活上，而成為一套人人遵守的行為典範。如果我們用《中庸》首章的三句話來比較，「天命之謂性」是指的天道與人性之德。「率性之謂道」是指德性的修養之道。而「修道之謂教」乃是此處所要談的實踐的途徑。這句話中的「教」，不只是文字語言的教訓，而是一種實際的教化。它是透過了生活習俗，像宗教似的有著規範人們行為的作用，這在中國歷史文化上，就是所謂禮樂制度的教化。

本來，實踐的途徑有二，一是個人的，即把理論運用於個人的生活，去修養自己；二是社會的，即把理論運用於社會、政治，以求多數人的幸福，和世界的和平。其實這兩者也是相互影響的。此處我們所要強調的是後者，因為後者可以涵蓋前者，可以決定前者的意義與價值。

在中國哲學史上，儒家特別重視禮樂制度的教化，而成為中國文化的主導。他們認為人有賢愚的不同，聖人只是理想的境界。雖然人人都可以成堯舜，但卻不能要求人都必須為堯舜。先知先覺的人固然能體證天道，用之於人生。但極大多數的是後知後覺的人，他們不一定能洞徹天道，而從事哲學理論的研究。因此為了使這些極大多數的人從實行上慢慢做起，這些先知先覺的聖哲們便訂定了許多禮制規範，把他們都納入這條路子，使他們雖然不能深知哲理，但卻能在生活上受到薰陶；縱使不能成堯舜，但也可做一個堯舜之徒。

中國哲學的「禮」有兩種意義：一是禮的精神，一是禮的制度。禮的精神是上契於天道，有它不變的本質；禮的制度卻是用在生活習俗上，有它因時制宜的變遷性。不過自先哲們規定禮制後，奉行的人往往不能深體禮的精神，而粘著在形式上，使得禮制僵硬化；更有許多無知的人，曲解禮制，而製造了不少的流弊。在這時候，又需要後代的聖哲們出來，根據天道，把握禮的精神，重新修訂禮制，以教化人心。孔子的一再強調禮以仁為本，就是要我們注重禮的精神；孟子的民貴君輕，強調禮可以從權，都是在應變求新。道家的老子雖然在書中似乎激烈的批評禮制，其實他只是反對那種膚淺的，僵硬的形式；而要回返到禮的本質，即是素樸的德。這一點可由《史記》中孔子問禮於老子的那段對話中得到證明。

自漢代以後，在中國哲學史上，好像是佛學的天下。佛學所論偏於形上，似乎與禮樂的文化無關。其實有唐一代，雖然佛學獨霸，可是我們絕不能忽視整個唐代的社會卻是奠基在禮樂文化的基礎上，否則社會又如何可能這樣的安寧，去供養佛家們談心論性。如果我們再深一層去分析，卻發現佛學思想真正能向下紮根的，都與這種儒家的禮樂教化融和，而成為中國文化的一體。只有那些仍然保持印度佛學特色，如唯識宗，或只知向上發展，如華嚴、天台的超越的思維，及後代禪宗只重個人的悟解，結果都脫離了文化的大動脈，以致於走入斷岸絕港，而逐漸的衰微。

從這一歷史的發展，可以看出中國哲學的生命，在於它能透過禮樂的教化，深植於人心；否則縱能盛極一時，卻因缺乏了源頭活水，最後還是會枯竭的。

(三) 中國哲學的現代意義

1. 什麼是現代

現代一詞也很模糊，如果它和古代相對，那麼是指的當代。可是每個地方當代的生活都各有不同，臺灣有臺灣的當代，大陸有大陸的當代，西方有西方的當代，印度有印度的當代。甚至當代還不一定是現代，譬如山區的許多部落，他們雖然生活在今天，所過的仍然是非常簡樸的傳統生活。如果我們進一步把「現代」界定是工業化、科學化的生活，這個定義便很清楚，因為具有汽車、洋房、電視、電腦等科學發明的設備，就是現代。由於這些科學的發明是看得見的，而且對人類有益的，所以這個「現代」很容易為人接受。可是由於科學的發達，改變了人類生活的型態。這裡面有好的，也有不好的。譬如科技的發明，使我們的視野遼闊了，知識增加了，但時間的腳步加緊了，我們必須與機器競爭，有時甚至也變成了一具機器。繁忙的工作，使我們沒有時間享受生活，也不懂得了解生命的意義。這也就是現代的生活。

中國近百年來，由於西風東漸，學者們極力鼓吹西化，一般人民盲目的追求西化。我們的現代化實際上就是西方化，也就是西方的現代化。儘管中國和西方的文化，在古代不同，在目前還有差異，但卻是共有一個現代化。就像從不同地方來的乘客，走上同一條船，航向共同的未來。所不同的是，對西方人來說，西方的現代化是從西方的文化中走出來的，在基本精神上，他們仍然有許多縱的繼承，如民主制度等。可是對中國人來說，我們要跨入西方的現代化，卻必須橫的移植，過去很多人只看到西方文化的優點，而主張我們應該放棄中國傳統的，才能徹底的西方化。但今天我們看到西方現代化的許多問題，發現自己也陷得很深。在這時候，我們不得不反省的思考，在中國哲學和文化中是否有特效藥，使我們雖然走入西方的現代化，但卻能避免現代的許多病痛。

2. 現代問題的癥結

如果我們試用最簡單的話來描寫現代問題的病象，應該是：精神空虛，道德低落。精神之所以空虛，是由於我們精神的向上一路被截斷了。這向上的一條通路，在中國，就是天道的思想；在西方，就是宗教的信仰。這兩者，曾是我們心靈的天窗，可是卻被現代的科學主義、唯物思想的烏雲所遮住，使我們的心靈頓時成為一片黑暗。道德的低落，是由於我們的是非標準被粉碎了。今天所有的國家都以經濟掛帥，影響到我們的教育、我們的家庭、我們的社會都崇拜金錢萬能。當金錢變得萬能時，道德自然也就無能了。

針對這種病象，我們究竟要如何加強對天道的認識？重建對宗教的信仰？這不是我們只談天道和宗教所能奏功的，因為只談天道，而無運用之門，便會流於談玄；只談宗教，而把握不住精神，便易流於迷信。因此我們為了對治這種病象，必須再進一步尋出產生這種病象的根。這樣才能因病施藥。依我們的分析，這個病根潛伏在三方面，即是：

(1)教育功能的失職

現代教育愈來愈普及，教育的水準也愈來愈提昇，可是犯罪的比例卻並沒有因此而降低。甚之，最令人擔憂的是，犯罪的年齡卻愈來愈低。以美國為例，近年來在報紙上看到所有劫車、搶錢、兇殺，而造成了社會不安的犯罪者，百分之九十都是二十歲以下者。在英國最近有宗謀殺案，凶手居然是十歲以下的孩子。這說明了什麼？說明了最基本的中小學教育有了嚴重的問題。就以臺灣來說，二十多年前，中小學禁止學生抽煙，只有少數學生躲在廁所內抽。可是今天吸毒的學生遠比以前抽煙的多，可見他們犯規的層次已提高了，由偷犯校規而觸犯法律。

分析中小學教育的問題，我們認為今日教育的偏差，就是只有專業的知識傳授，而沒有德性的精神修養。這在西方的中小學教育最為明顯，它們沒有倫理道德的科目。而老師們也閉口不談道德，因為他們唯一的任務就是傳授知識。臺灣的教育雖然和他們不一樣，中學的課程裡就有中國文化基本教材一科，是精選四書來教導學生的，可是由於升學主義的作祟，這些教材反而為學生所厭棄，達不到預期的效果，這種教育的偏鋒，和偏枯的發展，使得年輕的一代只重知識，而不論德性。與人相交，只講利害，只講鬥爭，而自己內心卻是一片空虛。

(2)家庭關係的淡薄

家庭關係在過去的大家庭中，當然非常複雜，糾紛時起，個人的意志往往受到扭曲和壓抑。近代實行小家庭制，是針對大家庭的自然改良和演變，照理說，應該是利多於弊的。可是事實卻不然，人們對小家庭制還是不滿，上海的離婚率緊跟臺北，臺北的離婚率直追舊金山，單親家庭紛紛產生。單親家庭不是小家庭制的改良，而是家庭制度的破裂。

在中國文化裡，家庭是社會最基本，也是最重要的一個結構。它是培養德行最自然，也最有效的處所。就中國哲學來說，所謂灑掃應對的訓練，在這裡開始；人與人之間的互信互諒，也從這裡建立；人類德行中的負責、犧牲和報恩的最根本的精神，也是在這裡奠基的。而家庭的破裂無異摧毀了這些基本德行發育的溫床。

家庭的破裂，對個人來說，也是不得已的，因為離婚畢竟是解脫婚姻生活痛苦的唯一有效方法。在這裡，我們並不是非議離婚與破裂的家庭，因為它們是值得同情與關懷的。我們擔憂的是，潛在它們背後的病因是家庭關係的淡薄。很多人從好的方面想，說這是由於女性的獨立自主，不再依賴家庭，可是我們從壞的方面看，認為這是由個人主義的偏鋒發展，人們缺乏忍讓、和諧、負責、犧牲的美德。目前又有許多單身貴族產生，他們除了個人享樂主義的原因外，還有心理的因素是深怕家庭的破裂，可是事實上，他們早已製造了破裂的家庭。我們也無權反對單身貴族，我們只是警覺到這種家庭制度懷疑的心態，無限的蔓延開來，將會造成家庭制度的破產。到了那時候，又有誰呵護、照顧、教育年輕的一代？社會上，全是以智相鬥的強人，回到家，卻沒有一個安樂的窩，人們的心靈又怎能不空虛？

(3)社會秩序的混亂

社會秩序的混亂並不只是指那些有形的在街頭的暴亂，而是指無形的因果關係的混淆，和價值觀念的顛倒。所謂因果關係的混淆，是指我們付出多少的心血，卻得不到應有的成果；相反的，投機取巧的人，卻名利雙收。所謂價值觀念的顛倒，是指有操守的人不受重視，無品德的人反能譁眾取寵。本來社會上總有許多不平之事，所以儒家才講盡其在我，佛家才把業報推延到三世。但如果這些不平之事多到使我們不再相信世界上還有公理和標準，這個社會的秩序那有不亂？

維持社會秩序的兩大制度是「法」和「禮」。西方文化以「法」為主，他們的民主制度是奠基在「法」治上。但法和民主都是治之於外，他們的內心世界，在傳統社會中，卻是由宗教來指導的。可是近幾十年來，宗教的軟弱無力，使他們的內心世界混亂一片。中國文化以

「禮」為主，我們的「法」是奠基在「禮」制上。「法」雖然治之於外，但「禮」卻是內外相通的。「禮」的外發是禮制，「禮」的內斂是道德。中國人的內心世界就是由這套「禮」和「道德」來充實、來維繫的。可是近百年來，受到西方文化的衝擊，使我們的「禮」因粘著在傳統的禮制上而遭受遺棄。於是「法」和「道德」便都落了空。試看今天的臺灣，在街頭暴亂中，警察為群眾所毆；在立法院的會議上，民意代表公然訴諸拳頭，使我們不得不追問：「法」在那裡？「道德」又在何方？

無論在西方、在中國，社會上所萌生的一切亂象，不是我們沒有「法」，而是我們沒有一套使人與人之間和諧相處的「禮」；沒有一套使人能夠辨別行為上是非善惡的「禮」；沒有一套發自人性的覺醒，而自願信守的「禮」。

3.中國哲學本身的調整與應變

在這裡，我們暫時不談中國哲學如何去針砭現代的病態，而先要對中國哲學在現代的意義作一反省和檢討。因為如果中國有那麼一套很好的哲學，為什麼中國到了現代卻有那麼多的問題產生？舉一個我自己的經驗來說，我在海外宣揚中國哲學很多年，西方的學生都很純真，他們聽我敘述儒家的理想、道家的修養，是那麼的高妙，使他們對中國的文化都心嚮往之。記得五年前，我參加山東濟南的第一屆國際周易會議，臨行前，幾位美國學生在我家小聚，他們看到我家擺設的一具孔子的木刻雕像，問我為什麼孔子雙手作抱拳狀？我說，孔子講禮，他向大家問好。中國古代被稱為禮義之邦，就是受孔子思想影響的。可是等我一星期會議後，再回到美國，學生們又來看我。我趕緊把孔子雕像藏了起來，因為我感覺羞愧，在今天的中國，再也看不到這種對人的禮敬，這豈不使我在國外對中國文化哲學的讚美，都變成了吹噓之詞。

也許我們可以推說，這是因為現代的中國受西方文化的影響，而廢棄了中國哲學。可是，中國哲學為什麼遭到遺棄，是否它本身有什麼問題？我們深入的分析這一點，將會發現有兩個原因：

(1) 誤認傳統制度為中國哲學

在前面我們曾說過，中國哲學是透過了禮樂制度的教化來影響人生的；是深入到風俗習慣中，使人民日用而不知的。可是禮樂制度是有時代性的，風俗習慣也往往會拘泥而不化的。這都需要後代的聖哲加以修正而求新。但不幸的是在這方面，我們後繼者的努力不夠，以致於制度因襲不變，習慣積重難返。而使得近代很多人不能深體中國哲學的精神，硬把中國哲學當作這種陳舊的制度和不好的習慣來一併廢棄。試想，我們如果把社會上的人情循私，怪在孔孟身上；把人心的因循苟且，怪在老莊頭上，那麼，今天社會上的好爭鬥而不能和諧，人心的重物質而輕精神，又要怪誰呢？

(2)中國哲學的研究走錯了方向

中國哲學的一大特色是內聖外王，可是唐宋以來，受到印度佛學的影響，使我們的哲人在內聖方面講得很高，甚至很玄；在外王方面卻只有理想，而無實踐的途徑。這是中國哲學在發展上的一個弱點。不幸到了近代，西方哲學傳入中國，很多學者，以西方哲學為唯一的哲學，以西方哲學的方法來研究中國哲學，要把中國哲學變得和西方哲學一樣，好像不如此，中國便沒有哲學；不如此，中國哲學便不能進入世界哲學之列。其實，中國哲學如果只以西方哲學為法，只重概念，只講知識，而忽略了心性修養，而沒有一套具體的方法來救人救世，無疑的，這會使中國哲學，走入了岐途，甚至還可能是死路。試看，今日中國哲學的研究，似乎都是一些專家學者們在那裡把玩，他們寫的書、說的話，一般人都看不懂、聽不懂。這樣的研究，又怎能和人生相應？這樣的哲學，又怎能指導人生？

從以上的兩個原因，使我們深感要談中國哲學對現代的意義，首先必須調整，使中國哲學的研究走上正途，發揮它的生命熱力；然後才能應變，從舊傳統中走出新制度來，成為今天指導社會人心的原則。

(四)中國哲學的未來展望

既然稱為未來，便是還不能知的意思。既不能知，我們又如何能在這裡侈談未來？但未來畢竟不是從天而降的，而是從現在走過去的。今天的努力，必然會是未來的果實。所以在這裡，我們把對未來的展望，歸結在今天的努力上。

今天中國哲學的努力，可從兩方面進行：一是解決現代的問題，一是加強普遍的影響。

1. 在解決現代的問題上有三個重點

(1) 教育上的重視師道

《易經》中，緊跟著乾坤屯卦之後，便是蒙卦。可見教育的重要。在《易經》所有的卦裡，第五爻都是象徵君主之尊，可是在蒙卦裡，第五爻的君主卻變成了受教的童蒙，向第二爻的老師致敬，這說明了中國哲學自始以來便是對師道的特別尊重，所謂「師嚴而後道尊」(《禮記・學記》)。「師嚴」並不是指老師的嚴厲，而是指師道的尊嚴。不僅為政者重師道，家長和學生重師道，尤其為人師者更應自覺師道的尊嚴，克盡為師的責任。

韓愈在《師說》一文中，曾強調老師的任務是「傳道、受業、解惑」。關於「受業」和「解惑」，照我們的新解，是傳授專業知識，解答人生疑惑。今天的教育最多只做到「受業」而已。譬如許多明星學校都是以學生考試成績及求職的機會率來衡量的；至於在心理上的輔導，解決學生在生活上和精神上的困惑，便少之又少了，更遑論要「傳道」了。所謂「傳道」，依韓愈的解釋是傳堯舜禹湯文武周公孔子的聖人之道，也即宋明儒家所謂的道統。今天談到道統，常被視為迂腐、陳舊、保守，但就整個中國哲學的發展來說，道統卻是中國的哲學家們一貫相承的，救世救人的抱負。今天的教育，必須使每位老師都自覺的肩負起這種偉大的使命感，師道才會嚴，師道才會尊。在師道有了尊嚴之後，我們的教育才能在純知識的傳授之外，建立起德性的精神教育，否則即使再多加幾門倫理學、文化基本教材，也形同虛設。

(2)家庭中的重視孝道

提到孝道兩字，很容易使人誤會我們是在鼓吹一套落伍的封建制度。因為中國傳統的禮制是以孝道為基礎的，他們把中國傳統的禮制，當作封建制度，於是孝道便成為封建制度的根本。其實他們所看到的，只是粘著在禮制上的孝行，而不是真正孝道的精神。

孝道的精神有三個特色：一是向內的，它具有倫理的凝聚力，鞏固了家庭。二是向外的，它具有報恩的心理，是一切德行的基礎。三是向前的，它具有犧牲的精神，是生命綿延的動力。對於前兩個特性，容易理解；對於第三個特性，卻必須加以說明，因為很多人誤解這一點，以為是在講狹義的家族的綿延。還有的人看到犧牲兩字，就想到父權的威嚴，好像兒女的一切權利、幸福都被犧牲掉似的。其實孝道的真正犧牲，卻是上一代為下一代的犧牲。前些年，我們高喊犧牲這一代，成全下一代。如果不是孝道的精神在支持，看不到下一代的回應，我們憑什麼犧牲這一代？再看看初期移民到澳洲和美洲的華僑，他們的第一代都是沒有知識的勞工，可是他們胼手胝足，犧牲了自己，卻使第二代受到很好的教育，進入了高層的社會。這不正是由於孝道的精神，使我們一代比一代更好。

今天家庭的破碎，就是由於個人主義的極端發展，大家都不重倫理，不知報恩，不肯犧牲。這樣下去，便一代不如一代。為了收拾破碎的家庭，唯一的方法就是加強孝道的精神。今天西方的心理學家們也發現家庭問題的重要，可是如何治療家庭問題，他們卻始終摸不到邊。而中國的孝道和家庭問題已有三千年的歷史，儘管在傳統的孝道的禮制上，有許多是不合時代的，有許多是運用不當的，但我們畢竟有三千年的經驗。這寶貴的經驗將使我們為人類重建和諧的家庭關係上有絕對的貢獻。

(3)社會上的重視君子之道

中國傳統的禮制是維繫古代社會秩序最重要的法門，可是近代西方自由民主的思潮傳入後，使我們對傳統的禮制由懷疑、批評，而逐漸的廢棄。但新的規範卻始終未能建立。今天，我們只知一味的歌頌西方的民主，殊不知民主必須本於法治。我們在法治的觀念上仍然不夠成熟，於是徘徊在舊和新、中和外之間，無所適從。然而退一步說，即使我們達到和西方社會一樣的法治和民主，問題是否解決了呢？沒有，因為擺在眼前，西方社會仍然百病叢生。

今天，我們要建立一個新的生活規範，似乎應該在傳統的禮，和現代的民主之間，找出一座相通的橋樑，使我們能夠從舊傳統中走出新路來。一方面可以發揮禮的精神，而揚棄不合時代的禮制；一方面又可以吸收西方的民主，而沒有民主的毛病。這座橋樑，依我的看法，就是儒家所強調的君子之道，也就是君子的德行。在孔子的《論語》中，講君子的地方比仁還要多，而且君子比聖人還重要，因為聖人只是理想的境界，而君子卻是人人都可以做到。只要行道德，就是君子。在《論語》中的君子的行事，都是近情合理，沒有一條違反現代潮流的，甚之，還深合民主的精神。如：「君子周而不比」（《為政》）、「君子無所爭……其爭也君子」（《八佾》）、「君子和而不同」（《子路》）、「君子恥其言而過其行」（《憲問》）、「君子求諸己」（《衛靈公》）、「君子尊賢而容眾」（《子張》）。

我們強調在今天的社會中要實踐君子之道，不僅是因為它可以承繼禮的精神，使我們通過了它，把中國哲學裡最美好的德性修養實踐出來。尤其重要的是，它可以補救民主制度下個人德性的不足。今天民主社會最大的優點是個人的被重視；而最大的缺點卻是個人的被忽略。重視是重視個人的權利，但這個權利必須去爭，必須去享，否則便形同虛設。忽略是忽略個人的德性。沒有人關心德行，也沒有人指導我們去修養德行。這樣下去，民主制度保障了個人主義。可是個人主義中的個人，沒有德性的充實，沒有德性的制衡。個人的獨大，很可能又會葬送了民主制度的前途。為了這個原因，所以我們強調君子之道。唯有每個人都是君子，人人才能享受真正的民主。

以上是就解決現代的問題來努力的。但這些問題卻是錯綜複雜，相互影響的，我們必須透過政治、教育，以及有關方面來作整體的研究和進行。所以這些問題的解決，不是一蹴可幾的，也不是一個從事哲學工作者說做就可以做得到的。

2. 兩條路線

由於這個原因，我覺得還有一個方向值得我們去努力開發，這是我在國外十幾年的教學生活中所體驗到的。這方面有兩條路線。

(1)中國哲學和心理學的結合

在古代，中國哲學家也扮演了心理顧問的角色。在《論語》裡，孔子和學生的對話，都是為學生解決疑難的問題。孟子講性善，荀子講性惡，以及宋明儒家的心性之學，都是討論心理學上的基本問題，所以中國哲學，實際上，也是一種心理學。在西方，心理學本來包括在哲學裡。近百年來，心理學才脫離了母體的哲學而獨立成科。西方的哲學仍然死抱著觀念的心，在那裡作概念的分析，而心理學卻運用了科學的方法，去面對活潑潑的心，去解決心的問題。

近百年來，中國哲學和西方哲學的比較研究，雖然在觀念的分析上，得到很多借鏡；但在人生的運用上，卻沒有顯著的成果。因此今天我們如果要使中國哲學產生積極的影響，必須走出象牙之塔的死胡同，向西方的心理學方面去發展。這並不是說拋棄了中國哲學本身的研究，去附會心理學。而是以心理學為通路，使中國哲學深入現代人的心理，去產生作用。

今天中國的心理學家們仍然亦步亦趨的跟著西方的心理學走。就西方的心理學來說，學派雖然很多，但站在第一線的，要算和病人直接接觸的心理治療學。以中國哲學的眼光來檢討他們的理論方法，值得注意的有兩點：

一是心理治療師們只重方法的運用，很少注重個人的德性修養。心理學自跨出了哲學的大門後，便一股腦兒的投向科學的懷抱。科學是只重方法的，它與從事科學者本身的人格修養是兩回事。因為它所面對的是「物」。可是心理治療學卻不一樣，它所面對的是「人」。心理治療師必須透過了自己的體驗和智慧來為病人打開心結。雖然心理治療學的理論中，要儘量避免自己的經驗或意見的介入，好像道家的「無為」、禪宗的「無心」一樣，但要達到這境界，卻必須有很深的工夫。今天，心理治療學也已受到道家和禪宗的影響，但都只限於方法的運用方面，並沒有強調心理治療師本身的修養。所以在這裡我們提出儒家的「師道」，希望心理治療師能從醫師，提昇到「導師」的層面。這不是說他們師心自用，去左右病人；而是以「導師」自勉，用自己「可以為師」的人格來從事神聖的「醫心」工作。

二是心理學不應限於心理治療，而必須以德性的心理建設為目標。今天西方的心理學家往往為了達到科學的中立性，而排斥道德為外在的教條。他們只注意有病的心理患者，而未曾關心如何去加強健康的心理建設。尤其他們的理論，有時還製造了許多心理的問題，形成了惡性的循環。譬如最近流行的某些心理學運用的社團，專門訓練人們超能力的忍耐，使學習者更富有積極性。但他們所謂的忍耐，並不是忍讓的美德，而是加強體力的透支。他們所謂的「積極」，其實就是「戰鬥性」，或「侵略性」。就個人來說，受過這種訓練的人，會拼會鬥，也許在這個社會中，適於生存。但從社會的整體，和長遠的發展來看，這種劍拔弩張的心理，也會形成了病態，使得個人外強中乾，精神容易空虛；使得社會缺乏和諧的氣氛，變成了鬥爭的戰場。這正應驗了老子「物壯則老」、「強梁者不得其死」的教訓。為了避免這種以楔去楔的惡性循環。今天的心理學需要引進中國哲學對人性的健康的看法，努力於德性的心理建設，從根本上減少心理病患的產生。

(2)中國哲學主動的走入文學的領域

在中國古代，本來是文史哲不分的。哲學的著作很多在文學的領域中大放光芒，如《論語》、《孟子》、《老子》、《莊子》，以及許多禪詩、語錄等，這還是就哲學著作本身來說的。至於哲學思想走入了詩、畫、戲劇、小說中，而影響了廣大的群眾，卻比比皆是。譬如《易經》一書不是一般人所能閱讀的，在現代的學者教授中，也只有極少數的人讀過整本《易經》。可是《易經》所講物極必反、陰陽和諧等道理，卻藉戲劇、小說等作品而深入人心，使我們日用而不知。

今天，現代文學的許多作品，逐漸擺脫了文以載道的思想，也捨棄了教忠教孝的信念。甚之，相反的，還宣傳許多不成熟的意見，和標新立異的看法。我們並不要求文學一定要替哲學服務，我們也不以哲學思想去限制文學的想像。但我們卻希望從事哲學工作者，能利用文學的這一大片良田沃土，把中國哲學的種子播下去，使中國哲學能透過文學的力量，影響更廣大的群眾。

我們所謂中國哲學主動的走入文學的領域，並不是說研究哲學者都必須從事文學的創作，而是認為哲學不應自立於文學之外，好像某些西方學者主張哲學不向常識講話一樣，他們不在乎別人的了解。但中國哲學卻不然，它是生命整體的哲學，它必須透過文學才能與大眾的生命相應，才能與大眾的生活連成一體。舉個例來說，十六年前，我在臺灣時，禪學的現代著作不多，研究的風氣也不普遍。可是最近，禪學的文學作品如雨後春筍，它們多半是把禪理和生活結合在一起，因此影響非常廣泛。居然在電視新聞上，看到許多政治人物愛說「平常心」一語。不論他們是否真懂禪學「平常心是道」的用意，但無疑的，在他們用「平常心」一語時，他們的心至少也會「平常」了一點。

把哲學和文學結合在一起，這是我一貫的心願，直到今天，我仍然信守不移。幾年前，我寫了一本英文的《中國哲學術語》的小書。在導言中，我曾大力呼籲，把中國哲學的術語統一地譯成適當的英文字，然後把中國哲學的生命輸入到這些英文字中，以影響西方的人心。譬如「仁」字，以前的翻譯，各不相同。傑姆斯‧李格 (James Legge) 在他的同一本《論語》中，便把「仁」翻譯成不同的意思，使讀者不知什麼是「仁」字。今天學者們如能開會討論，統一規定了重要術語的翻譯，譬如把「仁」字譯成 Humanity，儘管這個英文字和我們的「仁」字也有許多不同，但當我們不斷的用這個字來表達「仁」字之後，學者們不斷的寫文章來介紹「仁」的思想，於是「仁」的生命便移植到這個 Humanity 之內。慢慢的這個字走進了他們的文學作品中，也就影響了他們的思想。當他們看到 Humanity 時，便會自覺到人性中的仁性，而以「做人」為期許。這並非不可能，只要研究哲學的人善用文字技巧，多寫點關心社會人生的作品，逐漸地，我們的哲學術語也會被大眾所接受，而變成了他們思考的依據。文學的力量是鉅大無比的，為什麼從事哲學者不好好運用呢？

最後，我還必須強調的是：英文的哲學（Philosophy）一字本是愛知的意思，這個「愛」是熱烘烘的，可是西方的知識卻是冷冰冰的。長期下來，使得西方哲學變成了空虛的概念，失去了生氣。中國哲學自始便是以救世救人為抱負，熱情洋溢。可是唐宋以來，受到佛學的影響，和宋明儒家的好談心性，也逐漸的內斂，只在內聖上做工夫。再加上近百年來，受到西方哲學的感染，使得中國哲學也變成了玩弄概念的遊戲。今天，針對這一失落，我們應先使中國哲學暖起來，研究中國哲學者之心熱起來，然後把中國哲學帶入社會，帶進世界，去救世救人。近幾年來，我有感於此，和幾位哲學及心理學的美國學生創辦了一個小型的討論會，每個月一次，在我家舉行，這個會一直延續了五年，我們稱它為「關心茶會」，是借用「風聲、雨聲、讀書聲，聲聲入耳；家事、國事、天下事，事事關心」的關心兩字，我們討論哲學與人生問題，無所不談。後來我一連寫了五篇文字，強調「關心意識」，而編成《關心茶》一書。在這裡，我以「關心」兩字作結語，也作一個火引子，希望我們的心，使中國哲學在二十一世紀，大放光明。我們常喜歡別人說二十一世紀是中國的世紀，但那絕不是什麼經濟掛帥的中國，或什麼政治掛帥的中國，而是中國哲學的再生與新生的中國。

§

三、從中國整體的生命哲學看佛學在中國文化裡的發展

（一）什麼是中國整體的生命哲學

近年來，我在幾篇論文中用到「中國整體的生命哲學」一詞，這並非我的創意，企圖建立什麼新的哲學體系，而是我重視中國哲學的整體性，和生命精神，為自己在研究中國哲學的方法上，確立一些原則。

所謂「整體的生命哲學」是中國哲學生生發展的一個生命歷程。在這個歷程中有三個重

點，就是生、理、用的相互關係，可以用一個三角形來表達，如下圖：

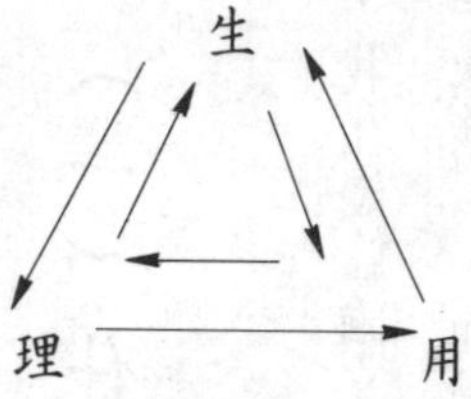

這裡的「生」指生生不已的天道，即《易經・繫辭傳》所謂的「天地之大德曰生」。「理」指聖人們「繼天立極」，為了維繫宇宙生生不已的功能，而建立的一套「人能弘道」的哲理。「用」指把這套哲理加以實踐和運用。

這三方面的關係，不是靜態的單獨存在，而是動態的發展，同時，還是相互的影響，和雙向的循環。譬如從「生」而「理」而「用」的發展，是指這種天道的生生不已的功能，影響聖哲們的思想，而融鑄成偉大的哲理。後繼者，更把這種哲理，變成倫理規範、禮樂制度，以支配人們的生活習俗。使人類從獸性中超拔出來，和天道息息相應，以維繫宇宙的綿延不斷。再由「生」而「用」而「理」的發展，是指人們直接由天道的自然，發現了生生的原則，他們以此而生，但日用而不知。聖人們從這些世代相傳的經驗中，吸取了不變的原則，提鍊成偉大的哲理。然後把這種哲理，向上提昇成天道，而弘大了生命的意義，和宇宙的精神。

在中國歷史上，這種整體生命的哲學，並非一直發展得很順利，有時卻遭受到挫折，所以在文化上而有盛衰的變遷，否則中國的文化早已進入大同社會，變成人間的樂土了。這種挫折產生的原因，乃是由於前面所謂「生」、「理」、「用」的三方面不能相貫，以致於因割裂而落空。譬如哲理不能弘大天道，天道便會被人所遺棄，而哲理也就變成了觀念的遊戲。同樣，哲理不能實用於人生，去移風易俗，改善制度，那麼，哲理便失去了生命，社會制度就會僵化，人生也就茫然無所歸趨。所以這套整體生命的哲學，實際上就代表了中國文化發展的歷程。

當佛學傳入中土時，它必須走進中國的文化裡來落地生根，因此它必然和中國的這套生命的整體哲學產生密切的關係，才能共存共長。本文就是從整體生命哲學的三個方面，天道、理論，和實踐來討論，佛學的最高境界如何進入中國天道思想裡，由對立而互補；佛學的思辯如何與中國的哲學理論，由摩擦而相融；以及佛教的傳佈如何與中國的社會風俗，由排斥而同化。這三方面關係的是否能相連相貫，也正可說明佛學在中國文化裡的盛衰、融和，以及未來的發展。

(二) 佛學與中國哲學的天道思想

天道是指宇宙人生最高的本體。西方哲學一開始便要探討這個本體的真相，發展出他們所謂的形而上學、宇宙論。可是二千多年來，他們不知建立了多少理論體系，產生了多少學說派別，直到今天，仍然不知「本體」之為何物。

中國的聖哲們自始便知道直接去探索這個「本體」是沒有結果的，所以他們都把它先放在一邊，如孔子罕言「天命」，莊子也說：「六合之外，聖人存而不論。」（《齊物論》）但他們並沒真正放棄不管，而是繞一個彎子，先向下體認萬物的自然，再向內心體證本具的德性，然後再向上去建立一個「天道」。正如宋儒張載所謂「為天地立心」。天地究竟有沒有心，很難知道，但我們可以為天地立一個心，就像我們可以發明一個人造衛星，去和太空通消息。但人中國哲學裡的「天道」正是這種作用。究竟它和宇宙的本真有多少不同，我們不知道。但人是天地之秀，聖人又是人之秀。中國聖人們觀察自然、體證人性，所建立的天道，自然是相當的美，相當的善，也就相當的真了。

可是中國的聖哲們都很小心，知道這是大本大源，稍有錯失，便會謬以千里，變為怪力亂神，所以都不從「體」上描寫，而就「用」上強調。這個「天道」之「用」，也即是天道的功能，就是一個「生」字。孔子在《易傳》中便說：「天地之大德曰生。」老子在《道德經》中也明言：「道生一，一生二，二生三，三生萬物。」（《第四十二章》）。這個「生」不是像母親生孩子一樣的誕生，而是道賦予萬物以生生的原理，或提供萬物以生生的條件。前者即《乾文言》中的「萬物始生」，也是指天的創生。後者即《坤文言》的「萬物資生」，也是指地的孕育。不過中國哲學對於天道如何生物，說得並不清楚。據《易傳》上所謂「一陰一陽之謂道，繼之者善也，成之者性也」（《繫辭上傳・第五章》），這是指陰陽相和而生，而且是純然至善的。雖然這並不能具體解決如何生物的問題，但這個「和」、這個「善」，乃是「生」的特性。乃是中國天道思想的兩大依據。因為不「和」不能生物，不「善」不能成物。

自印度佛學傳入中土後，先是毗曇之學，接著是大乘般若思想。自魏晉至唐，有十三宗之多，而各宗主旨也大不相同。我們很難簡短的描寫出佛學裡相當於中國天道的思想，不得已作比較，也許我們可以說在佛學裡相當於中國哲學的天道，或道字的，是「真如」兩字。

「真」是真實，「如」是如常，也就是真實而永恆的意思，這和老子描寫「道」的「獨立不改，周行而不殆」(《第二十五章》)並沒有什麼不同。不過佛學對「真如」兩字的運用卻遠為複雜，如丁福保《佛學大字典》上解釋「真如」說：「或云自性清淨心、佛性、法身、如來藏、實相、法界、法性、圓成實性，皆同體異名。」我們不必為這些名相所擾，如果直接去探索這個「真如」的體性究竟是什麼，恐怕只有一個「空」字最為貼切而周全。因為以上所有的名義，都不離一個「空」字。自性也空，佛性也空，法身也空，實相也空。所以我們說真如的體性是畢竟空的，這話是站得住的。但問題是，真如是萬有的本體，而這個本體是空的話，它又如何能與萬有交涉呢？再套用中國哲學「道生萬物」的話，那麼真如是否能生萬有呢？關於這個問題，初期的佛學經典上說得並不清楚，日本學者木村泰賢在《人生解脫與佛教思想》(巴壺天、李世傑合譯)一書中說：

在般若經，對於怎樣從本體生起，或發展現象的(所謂真如隨緣的方面)問題，卻還沒有顯然地被重視。以此為主要的問題的，實是後來《起信論》等。《起信論》真如觀的特徵，是在說明隨緣的方面。(佛教的《真如觀章》)

「緣」是條件，有各種條件的聚合，才產生萬有。所謂「真如隨緣」是指真如與萬有之間的關係。不過「隨緣」必先有緣，所以在「真如隨緣」之前，還要講「真如緣起」，這是真如與萬有產生的關係。

真如體空的話，又如何能緣起呢？緣起的主因是無明。真如本來不生無明，可是由於心中不覺，忽然念起，而有無明，如《起信論》上說：「心性常無念故，名為不變。以不達一法界故，心不相應，忽然念起，名為無明。」有了無明，便有妄心，便有差別境界，於是便形成了一切萬有的現象，這是真如的緣起。緣起了之後，真如並沒有從此消失，相反的真如卻一直和萬有同在。而萬有的發展又是無明在那裡作祟，所以真如與無明便發生了密切的關係，這在《起信論》上就叫做真如和無明之間的「熏習」。「熏習」是譬喻煙味或香氣不斷的熏染。「真如」為「無明」的習氣所熏，由於真如體空，而無明的一片烏煙瘴氣，也就把真如熏出了氣味來，而形成一切的顛倒妄想。這並不是真如本體變了，而是我們的視覺被無明的煙氣所染，看不見真如。但真如也並不簡單，它有大力量，反過來去熏無明。真如是體空的，用「空」去淨洗無明，最後無明滅，真如自現。這就是所謂的真如隨緣。無論是真如的緣起，或真如的隨緣，真如與萬有發展的關係不是自然的，不是順著走的。無明的介入，污染了真如，使得萬有的發展成為真如與無明之間無休無止的鬥法的歷程。

比較中國哲學的天道，和佛學的真如，它們都是宇宙人生最高的理境。也都不是語言文字所能界說的，在這方面，兩者可說是相同的。所不同的乃是在起用上，天道的生物是天命的流衍，是生命的肯定，是正面的建立和發展。而真如的緣起，不是真如的生化，而是無明的污染，形成了與真如對立的萬物遷流的虛妄現象。

(三) 佛學與中國哲學的理論體系

前面天道和真如都是古代聖哲根據他們所體驗的、所證悟的，高推上去的理境，因此兩者的本體雖不可知，或不可思議，但它們的作用和功能卻存在於聖哲們所建立的理論體系上。

就中國哲學來說，天道是「生生」不已的，前一個「生」是天道的生物，是純然至善的。第二個「生」是人的助成天道的生化，是天人的合德，也是善的發展。由於「天命之謂性」《中庸·第一章》，人的心性是天所賦予的，所以人的助成天地之化，就是把人類心性中的善的種子培養而發展出來。這也就是《易經·說卦》上所謂的：「盡性致命以至於天。」《第一章》

中國哲學的理論就是奠立在這一基礎上，從完成人道，去光大天道。正如孔子所說：「人能弘道，非道弘人。」（《論語．衛靈公》）孟子更認為仁義禮智的四端本在人性中，只要順著人性發揮出來，便能成聖成賢。雖然荀子主張性惡，在中國哲學裡是異數，但荀子的性只是生理的自然要求，還談不上善惡，如果這種自然的要求發展下去，有欲有爭，便有惡。所以荀子講的性惡，不是先天的性，而是後天的欲。事實上荀子重視這個心，因為心有意志力，可以捨惡為善。這個心比性還重要。由於這心發展開來，便是仁義禮智，一切聖賢的德業，這是儒家「繼天立極」的道德理論體系。

再看道家，老子雖然有「絕聖棄智」、「絕仁棄義」之談，但他所絕棄的乃是外在的道德教條，僵硬的禮樂制度。事實上，他要我們「見素抱樸，少私寡欲」（《老子．第十九章》），使「民復孝慈」（《第十九章》），仍然是在心性上下工夫，以發揮人性的至善。他的「我無為而民自化」（《第五十七章》）就已承認了人性的自然素樸的一面。至於莊子雖然嘲笑世俗的禮法、有為的政治，但他歌頌自然、強調真心、主張由人的自化去與萬物同化，所以也是從人的修養而達到大化的境界。

簡括中國哲學的理論，對人性的價值是肯定的，對萬物的存在是肯定的。所用的方法，也是正面的由倫理政治、道德禮法，或心身修鍊上去建立人間的樂園。

就佛學來說，真如的本體是「空」。這個「空」實際上是來自整個佛學的理論。如印順法師說：「空為佛法的特質所在：不問大乘與小乘，說有與說空，都不能缺此，缺了即不成究竟的佛教。」（《性空學探源》）的確，「色即空」，是「空」；「空即色」也還是「空」。「真如體空」是空，真如被無明攪亂，產生了萬有的一切，也是「空」。「真如隨緣」，是說緣起之後，處處有真如。緣起而生萬法，萬法以真如為體，也說明了萬法體空。所以緣起緣有，也都是空。

在這樣的一個「空」的世界裡，似乎沒有什麼可談的。然而佛學裡卻偏偏一直在談「空」。可談「空」不是為了「空」，而是為了「有」。「有」的產生是由於無明，無明是一念妄心。可是這一念並不是那麼輕飄飄的，像普通所謂的念起念落。按照原始佛學的十二因緣，這一念還是挺有來頭，是前生所造，變成了一種堅固的「行」力，進入了胎兒，形成了我們的意識，操縱了我們現在的心身、感覺、情愛，甚至生老病死。這有點像醫學上所謂的遺傳因子。要除掉這個壞的因子，還真不容易。所有佛學上講的修持、禪定、智慧、證悟等等，都是為了要破掉這個無明。但破無明的方法，仍然在一個「空」字，以「空」去打破對「有」的執著。所以佛學的整個理論是建築在一個「空」字上。

比較中國哲學和佛學的理論，前者建立在一個「生」字上，開展出一套內成己、外成物的道德體系。後者立基在一個「空」字上，發展成一套內除欲、外破執的修證工夫。

（四）佛學與中國哲學的實踐途徑

中國哲學的實踐途徑有二：一是個人的；一是社會的。前者是指個人的道德、心性的修養；後者是指禮樂教化、政治的制度。就中國哲學的基本精神來說，這兩者是相互銜接，一體不可分的。因為個人的修養並非獨善其身，而是要兼善天下的。

在儒家，個人的修養，就是君子的德行。如「君子和而不同」（《論語・子路》）、「君子周而不比」（《論語・為政》）、「君子尊賢而容眾」（《論語・子張》），都是在講如何接物、如何處事、如何待人，以維繫一個和諧的社會秩序。在《大學》一文裡講格物、致知、誠意、正心、修身、齊家、治國、平天下的八條目，就是由接物處事的磨鍊，以培養修身的德行，然後再向外推擴，而為救世救人的事業。在這八條目中，以「格物」「致知」為基礎，不正說明了後面的誠意、正心、修身的工夫不是空思冥想的，而是有實際的物和事去格去致的。這在儒家就叫做「下學而上達」。不過這一套工夫都是為成聖成賢而立，不是一般普通人所能容易達到的。因此為了使後知後覺者都能有所遵循，儒家更著重於禮樂制度的建立，以規範人們的日常生活。

在中國哲學裡，當然我們不能忘了道家，但就整個中國文化來說，儒家思想是主流，它影響中國人的風俗習慣、生活信念，乃是正面的、積極的。至於道家卻是站在輔助的地位，間接的，一面批評儒家實踐在禮樂制度上的許多流弊，一面也催化了儒家在個人修養上的許多粘滯，使儒家在心性的工夫上更為深入。譬如老子的批評聖智仁義，實際上卻是加深了聖智仁義的意義。莊子的譏諷禮教制度，事實上卻是擴大和提昇了心性的境界。不過大致來說，道家乃是偏於個人修養方面的。

再就佛學來說，它的實踐途徑也有個人和社會兩方面。通常都以小乘大乘來區分。好像小乘講自度，注重個人的修持，而大乘重度人，強調社會的功德。其實這種分法未必正確，把小乘大乘對立起來，早就含有歧視的心態。南傳的小乘，注重儀式，但南傳各國，政教之間的關係卻非常密切。相反的北傳的大乘，強調精神，可是北傳各國，宗派林立，過份自由，宗教的力量因而淡薄，有時，雖名為大乘思想，卻多屬小乘的作法。

佛學的宗派複雜，不易一概而論。現在我們單就在中國發展的佛學來說，多半是大乘學派，而以般若思想為主。他們的基本精神仍然是偏重在個人的修持方面。這並不是說它們是出世的，或不關心社會。而是由於佛學的理論根據是一個「空」字，他們把理論用在生活上，就是「空」的實踐，也就是除欲破執。所以在實踐「空」時，自始至終以個人的修持為主，因為要「空」掉自己的欲望，「空」掉自我對外物的執著。換句話說，就是要先能自度才能度人，大乘佛學是以度人為目的，但他們的度人，乃是一種法施，是幫助別人「空」掉他們自己的欲望和執著。對被度者來說，仍然是要靠他們個人的修持。

基於這種以「空」為實踐的途徑，佛教的基本理論是以「諸惡莫作」為主的，「諸善奉行」的善，也是基於「諸惡莫作」上而建立的。講四諦，是以「滅」為主，由「苦、集」，才能知所「滅」。有了「滅」才有「道」。所以一切的善德也是以「空」為基礎的。佛學並非只重個人，但它對社會、政道的影響，也是以「空」的實踐，去產生作用的。

比較佛學和中國哲學的實踐途徑，儒家著重一個「生」字，所謂「正德、利用、厚生」，從個人、家庭、社會、國家，積極的建立了一套「內聖外王」的實際的政治體制。佛家正像道家一樣，偏重一個「無」字，或「空」字，為個人打消欲望執著，而間接的有助於社會、政治的發展。在佛經及諸論中談到實際政治事務，和社會制度的很少。因此就整個佛學的重心來說，還是注重個人的修持，而沒有提供社會、政治方面積極的建設。

(五)佛學在中國文化裡的盛衰

我們說在中國文化裡的盛衰，而不說在中國歷史上的盛衰，因為後者是歷史的事實，只要談談它盛衰的事實就夠了；前者卻是指佛學進入中國之後，和中國文化的接觸，而產生的盛衰，也就是說在歷史的層面之上，還要談談它在中國文化的發展裡，所以有盛衰的原因。

在歷史上，我們敘述佛學在中國的勃興，往往要談漢代及魏晉南北朝許多君主的信佛。漢武帝為了抵制匈奴，與西域各國的聯盟，而打通了佛學傳入的通路，以及鳩摩羅什的大量譯經等等。然而這些都是外在的條件和因素。在這裡，我們不談這些，我們要進一步追究的是，在中國文化立基了近兩千年的中國，為什麼印度的佛學能很快的被接受，而大量的發展。在儒家思想已成為主導信仰的中國社會，為什麼佛學能夠如此興盛，以至獨領漢唐近一千多年來思想界的風騷。這個原因當然很複雜，我們僅能簡要的概括為以下六點：

1.自漢武帝聽信董仲舒的建議，獨尊儒術，罷黜百家之後，儒家便成了官學。許多儒者專研一經，自幼到老，只為了利祿之途，儒者的抱負盡失。再加上百家被罷之後，思想上互相爭辯的風氣不彰，相互切磋的機會沒有，於是儒家獨大，故步自封，反而失去了創造的活力。由於儒學空疏，不能維繫人心，人們就無法靠儒學而安身立命。這正為日後佛學的傳入，減少了本土文化的阻力，大開了方便之門。

2.在儒學空疏，百家不振，思想界呈現了非常空虛的時候，有許多旁門左道卻因而有了發展的空間，如陰陽讖緯的學說、五行生剋的理論，及由此而構搭成的天人感應的宇宙觀。再加上漢代君主們的迷信神祇，使得這種神祕的思想人為流行。我們暫不論這種學說的好壞優劣，它的副作用，卻是打開了通向宗教，或神祕思想之門。為他日佛學的輸入又空出了一片天地。

3.漢末以來，黨錮之禍、軍閥紛爭，到了魏晉南北朝，更是戰爭連年，民不聊生。在這幾百年中，不要說儒學空疏，即使儒學不空疏，還是解決不了人民對生命無常的感覺痛苦和絕望。儒學的心理建設是需要長時間的教化，可是這段時期，兵荒馬亂，災難連連，人們已沒有時間從儒家的經典中去找到慰藉。雖然這時候，道家和道教也能解決一部份人們的痛苦。但道家的哲學，不是一般人們所能運用；道教的神仙之學也很複雜，更難兌現。只有佛教講解脫生死痛苦的思想，很新奇，也容易相信，所以佛教初來之後，便很快的在民間傳佈開來。

4.自漢末到魏晉的這段期間，在上的當權者，都猜忌成性，動輒殺害知識份子。當時的學者為了避談政治，不敢多接觸儒家的經典。他們遠遁山林，整日以老莊的玄談為尚。這時佛學的傳入，正好增加了清談的材料，使得佛教由民間提昇到學術界，和中國的哲學有了進一步的接觸。

5.由以上兩點，一般佛教的信仰向民間擴散，精深的佛學理論在學術界發展。而這兩方面都有深厚的資源，就是早已在印度發展了近千年來的印度佛學，三藏十二部，有小乘，有大乘；有禪觀，有般若，淺可以淺說，深可以深究。鳩摩羅什和玄奘的大量譯經，足證這方面資源的取之不盡，用之不竭。由於資源的深厚，所以一衝開中國文化的大門後，便洶湧而來，莫之能止。

6.當兩種文化相接觸，如果一種文化已發展得很成熟，另一種文化尚很粗糙，那麼只有成熟的高層次文化去同化低層次的文化，而不可能低層次的文化去改變高層次的文化。雖然中印兩方面都是文明古國，但就人文思想來說，中國文化的發展要比印度文化成熟，所以在倫理政教方面，印度佛學初傳時，很難走入中國高層次的文化中。不過印度文化以宗教見長，它在宗教方面的理境和成就卻是中國所欠缺的。尤其釋迦牟尼的智慧非常高，他建立的那套理論，往淺處說，可以解決一般人的生死的痛苦，往深處說，可以使學者流連而忘返。在思想界有一個通則，誰的智慧高，誰就可以使別人信服而跟著走，儘管釋迦牟尼是印度人，中國人愛講夷夏之辨，可是自漢末、隋唐，甚至宋明，我們的學術界就沒有一位哲人的智慧和成就可以和釋迦牟尼比美，像朱子和王陽明等大儒，對生命的參證，和理論的圓融，都難望其項背，更遑論漢唐時期一般的學者了，在這樣一個對照下，自然第一流的人才都趨附於佛門，而成為把佛學推上高潮的中堅。

由以上六點，可以看出佛學走進了中國文化裡，由生根、發芽、茁壯，而成為中國文化的重要部份，是有它本身在思想上的價值和力量的。可是自明代以後中國佛學被認為逐漸衰微，如梁啟超先生在《中國學術思想變遷之大勢》一文中描寫在唐朝時鼎盛的十三個宗派，到了明末都衰微了，如成實宗、三論宗衰於中唐以後；涅槃宗陳以後併入天台；律宗衰於元以後；地論宗唐以後併入華嚴；淨土宗和禪宗衰於明末以後；攝論宗唐以後併入法相宗；俱舍宗、天台宗、華嚴宗、法相宗、真言宗都衰於晚唐以後。梁啟超的這種說法也許有人持不同的意見，但佛學自明末以後的逐漸衰微，也是一般公認的事實，不過值得我們檢討的是什麼是佛學衰微的真正意義，它的衰微與中國文化又有什麼關係！

就歷史的觀點，一般都以為唐武宗（西元八四五年）和後周世宗（西元九五五年）兩次的排佛對佛學衰微的影響極大。當然這也是事實，不過這種影響是暫時的，也是外在的，在以前也曾有北魏太武（西元四四六年）和北周武宗（西元五七四年）的排佛，可是佛學在唐代照樣大盛。所以政治上的排佛並不能真正促成佛學的衰微，我們進一步研究所謂佛學的衰微可能有以下六個現象：

1.在中國哲學史上，我們說某一宗衰微了，這是因為該宗自創始以來，有開宗的始祖，有集大成的祖師，但到了後來，在繼承的宗徒裡，沒有人能超越前代祖師的成就，或另闢新的途徑，因此顯得該宗人才凋零，而無可稱道，便形成了衰微的現象。

2.所謂後繼無人，好像是前代祖師的理境太高妙了，使得後來者無法超越。其實主要原因是後代宗徒只沿襲前人學說，就像漢代學者的講師承，最後是愈走愈窄，失去了開創的精神、活潑的生命。表現在他們的著作上，就是理論的愈瑣碎、愈支離，而變成了觀念的遊戲。這是他們自絕了發展之途。

3.就一般佛教信徒來說，佛學和佛教是一樣的，他們只求解脫，而不在乎宗派之分。如果佛學的宗派分得愈細，它們的理論愈高，離群眾的信仰也就愈遠。結果是佛學變成了虛脫的現象，不能指導佛教，以致一般信徒走入了迷信的路子。所以佛學和佛教分道揚鑣：一個太高，直入虛無；一個太低，流於愚昧。即使談佛法者、信佛教者滔滔，就佛學和佛教的基本精神來說，仍然是衰敗之象。

4.在這樣的情形下，佛學的高妙已吸引不了有心學者的關注，而佛教的墜落更使他們感覺人心迷惑，亟須指導，所以自宋以來，儒家學者又紛紛興起，他們一面扛著排佛的大旗，從傳統的倫理思想去批評佛教；一面又從原始的儒學，如《易傳》、《中庸》裡去提鍊形而上的思想，企圖代替佛學的高妙理論。他們的這一作法，至少又拉回不少第一流的人才，回到儒家的陣營，使宋明成為儒學的天下。相對之下，佛家的人才，不如唐代，而儒家的強力衝擊，也使他們在學術界的發展大有影響。

5.宋明儒家雖然公開的排佛，但實際上，他們卻受到佛學很深的影響，他們的思想和方法上卻在在都運用著佛學的義理。這在他們當時也互相批評，而以後的一些學者也指責他們不夠純粹，不如原始儒家；或暗用佛理，明批佛教，虛偽不正。其實這都是表面的看法，如果我們深一層體察，將發現他們的引用佛學，替儒家多開了發展的空間；他們的批評佛教，也作了針砭佛教衰落的諍友。然而更深一層的意義是，佛學透過了宋明儒家的運用，深入的和中國哲學融合起來，像王陽明等哲人的思想，根本是儒佛合流的。如果說佛學，或禪宗自明朝而衰，我們換一種看法，也可說，禪宗又因明儒的融合以另一種形式而興。

6.中國哲學的一個特色，就是殊途而同歸。在開始的時候，本屬一個淵源，如儒道同源於堯舜禹湯文武周公的道統，到了中間，學派林立，如諸子百家之盛，可是發展到後來，又相互影響，相互融和，儘管印度佛學傳入，照樣一爐而冶之，如唐宋以後，宋明儒家，兼有佛道；全真教，兼融儒佛；禪宗也兼攝儒道。總之，在中國文化裡，它們都融和成一體。佛學在唐代雖有十三宗的林立，可是在中國文化裡的發展，又自然的融合了起來。直到今天，很多佛學高僧，他們雖有自己的偏愛，或禪，或律，或華嚴，或天台，但他們照樣精研其他各宗的經典，在說法時，也都是佛學一味，無所偏重。因此宗派的特色便沖淡了不少，在外表看起來，宗派不彰，就形同衰微。而實際上，在中國哲學文化的灌注下，他們卻是整個中國佛學一宗的獨盛。

從以上各種現象來看，所謂佛學的衰微，如果只就政治排佛來說，是暫時的；如果只就宗派的消長來說，也是表面的。真正值得我們注意的是，佛學的純正理論是否能指導中國人的生活信念，達到化民成俗的目的？佛學是否能與中國哲學融和，而在中國文化裡生根。如果真正能做到這點，又那有衰微之可言？

(六) 佛學與中國文化的融和

前面我們在引論中所提到的中國整體生命哲學的架構，即生、理、用的互補互長的關係，正是中國哲學與中國文化相融的途徑，現在我們就從這三方面來看佛學與中國文化的融和。

1. 從天道思想來看

中國哲學的天道思想在一個「生」字。「道」必須能「生」。有「生」，則有「性」、有「命」，有天地萬物的化育。可是佛學的真如思想卻在一個「空」字，「真空」雖然能「妙有」，但「妙有」並非生「性」、生「命」，卻是使性命都提昇上來，而歸於「空」，所以佛學更明白的標出「無生」兩字。在這樣一個強烈的對比下，照理說，佛家的「空」和中國哲學的「道」格格不入，將會產生排拒的現象，其實不然，宋明儒家在形而上方面認為儒佛有相似相通之處。如王陽明便說：「仙佛到極處，與儒者略同，但有了上一截，遺了下一截，終不似聖人之全。」（《傳習錄．卷上．陸澄錄》）為什麼如此，原因有三：

(1)天道和真如都是形而上的本體，都是超絕相對觀念的。儒家說「生」，是指道的起用；道家說「無」，是指道的無形相；佛家說「空」，是指性體空靈，這都是就現象上來反觀的。究竟本體如何，是不可思議的，因此在超思議的境界上，「生」、「無」、「空」都是不必執著的。可說相似，也可說相通。

(2)佛家「空」的觀念，雖然和中國哲學的「生」不甚相合。但道家講「無」，由「無」而「生」。初期佛家便是借「無」以說「空」。雖然「空」和「無」也不相同，但道家用「無」鋪好的路子，卻給予「空」的傳入許多方便，使得中國哲人們也很容易接受了「空」。

(3)佛家的「空」融入了中國哲學的天道之後，並沒有影響天道的生生發展。相反的，「空」的空靈，更使我們的「生」不致流於形質的「生」，而能提昇到精神層面的「生」。譬如漢代根據「道」生萬物而發展成的一套宇宙論往往粘著在陰陽五行的氣化上，變成了只講物質的機械性的生化。到了魏晉以後般若思想的流行，直到禪宗的興起，由「空」而講「自性」，把「空」和「生」結合在一起。這已逐漸擺脫了真如緣起是由無明熏習的負面意義，而變為在空靈的境界中，萬物自性自生的正面意義，所謂：「青青翠竹盡是法身。」（《指月錄．卷六》）這種把真如變為自性的思想，自然容易為中國哲人所接受。

從以上的原因，我們可以看出中國哲學的天道思想是非常開放的，它雖然以生生為本體，但也能容納佛學真如體空的思想。宋代的儒家和道家，已在太極之上加了個無極，如果再添一個性空，也無不可，所以在形而上的境界中，它們可以共存，並行而不相悖。

2. 從理論體系來看

對於佛家的「空」，朱子有段非常激烈的批評：

若佛家之說，都是無，已前也是無，如今眼下也是無。色即是空，空即是色。大而萬事萬物，細而百骸九竅，一齊都歸於無。終日吃飯，卻道不曾咬著一粒米，終日著衣，卻道不曾掛著一條絲。《朱子語類．卷一二六》

這段話顯然是從現象界來說的，因為在形而上方面，朱子在周濂溪《太極圖說》的「無極而太極」中，曾替「無極」兩字辯解，而被批評為偏向道家。可見朱子對「無極」兩字的肯定。其實在朱子思想中，「太極」與「真如」，「無極」與「性空」之間還真有些神似之處。譬如他認為「太極」是總的「理」，萬事萬物都有一太極。這不正是佛家「月印萬川」譬喻中所指的「真如」顯現於萬物之中嗎？至於以「無極」描寫「太極」的「無聲無臭」，不正像以「性空」去說真如的體空嗎？由此可以看出朱子在形而上境界方面和佛學理論有許多相通之處，說他受佛學影響，或運用佛學理論也並不過份。然而為什麼朱子在這段話中，卻批評佛家的「空」，甚之把「空」當作「無」來撻伐呢？這是因為在現象界，朱子無法認同佛學的「空」的理論，因為他認為萬物都有「理」，萬物都是真實的存在，這與佛家主張萬物沒有自性，萬物都是幻現的，顯然是大不相同了。

其實朱子此處的「無」不是「無極」的「無」，而是萬物不存在的「無」。以這個「無」去批評佛家的「空」，並不恰當。因為佛家的「空」，指的是性空，並不是指萬物的不存在。佛家講「空」，不是向萬物開刀，而是從我們的意識中去割斷對外物的執著。即是破我執、破法執。這也就是前面我們強調佛學的理論體系是內除欲、外破執。

我們之所以舉朱子的例子，乃是為了說明中國哲學和佛學理論之間，在表面上有許多差異，執著這些差異，便產生衝突。如果我們能深一層的了解這些差異背後的事實，我們便可以繞過許多誤解，而找出兩方面融和的路子。在這裡值得我們注意的有三點：

(1)佛家講「空」，其目的不在「空」，而在破我執和法執。前面我們曾說中國哲學的理論體系是內成己外成物，而佛學的理論體系是內除欲外破執。在表面上這兩種體系各不相同，但我們如果求其會通，破我執可以作為成己的一種工夫，破法執也可使成物的路子更順暢。這樣一來，便可使這兩種理論體系融結在一起。

(2)這種融結，最先見之於禪宗，因為傳統的佛學講空，只重破我執，而禪宗受中國哲學的影響，由「空」而證「真心」，由破我執而悟「自性」。這是把佛家「空」的理論逐漸轉化到「成己」的路上。不過禪宗的「自性」，是成道之後的境界，還是在形而上的體性之中。緊接著把禪宗的這種工夫，和儒家「成己」的德行融結在一起的是宋明的儒家，譬如程明道的「所謂定者，動亦定，靜亦定」（《定性書》），這是禪定。「不須防檢，不須窮索」（《識仁篇》），這是禪的工夫。而「學者須先識仁」及「以誠敬存之」（《識仁篇》），這是把禪定的工夫接上了儒家的德行了。此後，如陸象山的「宇宙即吾心」，陳白沙的「靜中養出端倪來」，直到王陽明的「致良知」，可見宋明儒家的講靜坐、明心性，都是把禪的「自性」和儒家的「成己」之德結合在一起的。

(3)這樣的結合，在理論體系上是一種新的融和，雖然有許多衛道之士，站在佛家，或儒家的立場，都批評他們不夠純粹。其實，這種思想理論的融和是自然的結果。問題不在他們的融和，而在他們把這種融和推到形而上的境界中去進行，因為王陽明便認為「上一截」都相似，易於相通。由於這個原因，禪師都一超直入到最高境界，宋明儒家中達到這種融和境界的人都是出入釋老數十年（明道語）。這樣一來，這種融和便成為個人修持上極高的造境，而不是一般普通人所能做到的。於是通得了「上一截」，而通不了「下一截」。只有少數人通

「上一截」，大多數人在「下一截」卻是另外一種現象。

3.從實踐途徑來看

所謂「下一截」的另一番現象，是指當禪宗和宋明儒家們正在把理論說得極高妙，都在作個人的修證時，而「下一截」的民間佛教卻踏著它自己的步子，不斷的調適，融入了中國文化裡。

中國文化自古以來，便以儒家思想為主流。儒家的禮樂教化早已影響人們的日常生活，植根於中國文化裡。在中國哲學史上，自魏晉到隋唐，雖然是佛家的天下，儒家的學者好像都默默無聞。但是整個社會制度、整個文化的大流仍然是儒家的。佛學的融入中國文化，並不因為佛學宗派的鼎盛或衰微，而有所不同。它是一直在那裡克服難關，努力耕耘。也就是說自漢末以來，佛教在民間逐漸的傳播，逐漸的擴散。它和儒家的觀念時有衝突，譬如剃度、出家、輪迴等在佛教初傳時，並不能為中國社會所接受。而這些不能接受的部份幾乎多多少少與中國的倫理教化不能相合。在中國哲學史上，我們看魏晉南北朝到隋唐佛學的大盛，士大夫們趨之若鶩，競以佛理清談，極盡風雅之能事。好像佛學乘中國哲學的空虛而入，是如此的順理成章，大開方便之門。可是殊不知佛教在民間的傳佈，卻並不那麼順暢，如果稍注意歷史的事實，卻充滿了辛酸和曲折。最明顯的三武一宗的排佛，暫且不談。自漢明帝佛教初傳時，由於不易直接進入中國文化，因此都與鬼神方術發生關係，而被東漢王充批評為世間淫祀，非鬼之祭。後來雖然牟子著《理惑論》，批評儒者的誤解，而為佛教辯正，但也足見當時阻力之大。接著魏晉以來，有顧歡、范縝、郭祖深、荀濟，直到唐朝，有傅奕、韓愈等人的排佛。無論他們或出於道教與佛教之爭，或由於儒家教化的不能認同，但他們都不是真正從理論上來研究，而是就人倫、社會、政治的觀點來立論的。這也足以顯示佛教在傳播時受到了中國文化上的很大阻力。儘管某些君主大力推廣佛教，儘管社會裡有極大多數人信仰佛教，但這種阻力仍然存在，逼使佛教不得不作某些修正和調整，才能深植於中國文化之中。

舉個例來說，自元明小說發達後，在很多小說裡，都以寺廟為龍蛇混雜之處，都以僧尼為嘲弄的對象，這反映了大多數人的心理，總是認為佛教與我們的人倫教化不合。就以家傳戶曉的《白蛇傳》的故事來說，許仙和白蛇的戀愛代表「情」，法海和尚的阻力代表「理」。儘管白蛇是精怪，但她為了報恩，她愛得真純，所以博得大家的同情；儘管法海為了許仙的安全，但拆散了別人的家庭，顯得太過無情，而引起大家的反感。雖然在法海和白蛇的鬥法中，法海勝了，這象徵「理」壓住了「情」，可是問題並沒有了結，最後許仙之子有了功名，孝感動天，救出了母親，這說明了倫理解決了情與理之間的衝突，也暗示了倫理軟化了佛教的太過於無情。

我們以此為例，並不是說印度佛教不鼓勵子女孝順父母，但在所有主要的佛經中，強調倫理、崇揚孝道的地方所佔的比例卻並不大。佛的弟子大目乾連救母出獄的故事見於佛經的《經律異相》，但在印度的其他佛經中卻並沒有大書特書，可是到了中國後，在唐代便被寫成《大目乾連冥間救母變文》，後來又成為《目連救母》的戲劇，幾乎家傳戶曉。可見中國佛教為了適應社會的需要而把倫理成為傳教的主要部份。中國的佛教徒甚至感覺印度原有教孝的經典，如《大方便報恩經》、《盂蘭盆經》還不夠，更偽作了《佛說父母恩重難報經》，假託為鳩摩羅什所譯（見袾宏《竹窗隨筆》）。由於該書通俗易解，反而大為流行。

另外還有民間的佛教傳說，本不該寫入這篇論文中，但由於這畢竟是民間的信仰，仍然值得參考。據浙江鄉村間善男信女的傳說，釋迦牟尼欲離家去修行時，夫人苦求不放，他隨口說等成道後，先度夫人，再度母親。後來他修了三年，果然回去先度夫人，再度母親，此舉有違倫常秩序，所以又需重修三年。當然這故事不合史實，毫無根據，甚至對佛陀不尊。可是這畢竟是民間某一區流行的故事，也可見民間的信仰為了要強調倫理的秩序，不惜犧牲了佛陀的令譽。在這樣一個心理基礎上，佛教要走入中國文化的深層，必須有所調整，有所偏重不可。

綜合以上所述，有三點值得我們注意：

(1)佛學的理論與佛教的傳揚必須步調一致，也就是說佛學的理論固然高妙，但不能只談高妙，而不能直接指導下一層的民間信仰。這樣一來，佛學便成為絕唱，它的宗派那有不衰之理。試看唯識宗名相的繁瑣、華嚴宗理境的深奧，禪宗雖然對它們深表不滿，可是到了後來，他們自己講棒喝、畫圓相，弄得別人對他們也不能思議，這樣的發展，名為大乘，實際上並沒有照顧到大眾的需要，豈能不衰？

(2)佛教本以佛學為理論基礎，但如果佛學變成了清談，或只重個人思想上的修證，佛教便欠缺佛學的指導，而流為粗俗的民間信仰。壞的方面，摻雜了許多迷信，違離了佛教的宗旨。好的方面，迎合人們的心理，適應社會的風俗，也就是把根本植入中國的土地裡。這時候，儘管佛學的宗派衰微，而佛教仍然有它自己的路，並沒有受到影響。

(3)然而這種佛學與佛教脫節的現象，只能暫時的，如果長此以往，便會葬送了佛教的生命。這也就是說，如果佛學上長期沒有偉大的大師出來宏揚正法，指導信仰，一任佛教在民間自然的發展，結果是迷信充斥，邪說橫行，正信不彰，佛教的發展便真的斷了命脈。

由以上的原因，可以看出佛學在「極高明」之後，必須「道中庸」，把它高妙的理論，化為實踐的動力。佛學的「空」，往上追求，永遠是「空」，只有向下發展，在中國文化裡植根，才能「妙有」，才能永恆的存有。

（七）佛學與中國文化的未來展望

佛學在中國的發展，到今天，可以說已經和中國文化相融。儒道佛三家幾乎是連成一個整體的，成為中國思想信仰的根基。可是近幾十年來，在大陸，中國文化的被破壞，也是佛學的厄運；同樣，在臺灣，中國哲學的被一般人所遺棄，即使民間佛教很盛，又何嘗是佛學之福？今天，我們要談中國佛學的未來展望，是必須把它放在中國文化裡來討論的。

中國文化自清末以來便逐漸衰退，主要的原因，一方面是由於傳統的禮教制度的僵化，沒有一位偉大的聖哲能加以革新，以適應新的時代環境；一方面是西方的文明，跟著他們的洋槍大炮，衝關而入，使得中國的人民由驚懼而懾服。如果用前面我們所舉整體生命哲學來分析，我們的天道未曾變過，我們的哲學理論也未曾變過，可是在社會制度的實踐上卻大變其變，變得毫無章法，亂成一團。這是因為敲開我們閉關大門的是近代西方的文明，它的代表是科學、民主和自由。這三者的本質並不差，可是有很大的副作用。當它們進入中土時，不走天道思想的路，不走哲學理論的路，而直接往社會方面走。這時中國的人民正陷於貧窮、政治動亂的水深火熱中，而這三者，好像是使我們解脫的靈藥。可是它們的副作用，卻使我們忘了哲學理論，忘了天道，進一步厭棄傳統的制度，摧毀了中國的文化。

在中國文化受到無情的遺棄和破壞時，代表中國哲學的儒、道、佛三家的思想當然也被懷疑、被遺忘。作為中國人主要宗教信仰的佛教自然也逐漸衰微，欲振乏力。在中國大陸近幾十年來的所作所為，便是最好的證明。

本文的重點是在談佛學。作為中國哲學一員的佛學，它的未來展望是在於如何站在中國哲學的立場，負起恢復中國文化的責任，雖然不以「平天下」的政治為抱負，但也須以天下太平的境界為理想。

談到佛學的未來發展，木村泰賢在《人生的解脫與佛教思想》一書中，曾有很多精闢而中肯的見解，如佛教的教義不宜和科學明顯的成績有所矛盾，佛教的組織必須有哲學的背景，佛教的理論要儘量的單純化，激起人們不斷努力追求的熱情。甚至他更具體的建議廢除僧尼的階級和僧俗的差別觀念。木村泰賢生於日本，是以日本的佛教來立論的。老實說，佛教在日本文化中是主流，而且近百年來，政治安定，佛教也發展得很平順。不像中國，政治的動盪，佛學與中國文化也遭受到很多挫折，因此我們需有更大的努力，也有更多的任務。

基於中國整體生命哲學的觀點，佛學在中國文化上的未來發展，可以從三方面來探索：

1.向上的溝通天人

「天人合一」本是中國哲學的一大特色。儒家說他們不談「天」，卻是把「天」放在「人」中來談；道家說他們不談「人」（人為），卻是把「人」提到「天」上來談。中國的佛家比較複雜，有時偏於後者，有時偏於前者。在實際上，天人兩者都談，可是在理論上，又表示兩者都不談。因為一個「空」字便把這一切都「空」掉了。其實佛家在講性空時，本意就是要把「天」「人」的執著「空」掉，使得天人能合一。可是佛家的「空」，有時說得太高妙了，反而形成一種「空」的障礙，失去了向上提昇的力量。因為很多人一執「空」，便以為不可思議，乾脆就放棄思議。在這裡我們強調「溝通天人」，是希望佛家能善用「空」，打通天人之間的阻礙，使人性向上提昇的路子通行無阻。我們強調這一點的最大目的，就是針對科學偏鋒發展所產生的副作用。科學的驕橫和壟斷，破壞了正常的宗教信仰，阻礙了人性向上的發展，使人們掉入了物質機械主義的虛空之中。今天佛學的任務，應該是點醒科學的迷執，重新開拓天人的通路，使天更加的人化，所謂人成即佛成。

2. 向下的植根人道

往上提昇不只是在上面拼命的呼喚，就能奏功的，而必須在下面有根基，才能自發自動的向上開展。儒家重性善，強調性有四端，只要把它們發展出來，便是君子或仁人。佛家講性空，對於性的善惡沒有具體規定，但佛家又強調無明。無明在人生之初，便進入我們的心中，雖然我們不能因此而說性惡，但無明是很原始的東西，它潛伏在那裡，使我們人道的基礎容易鬆動，不夠穩固。雖然在佛教上，有四重恩、四無量心、六度、八正道、十善業等很好的德性修養。但我們如果誇大了無明的功力，那麼用所有的這些德行去對付一個無明，便精疲力竭了，還能有多少時間去從事正面的救世工作？這就同近代的心理學家強調自我(ego)，他們對這個他們刻意渲染的自我，已窮於應付，還能有多少精力去發展健康的心理建設？有鑑於此，今後的佛家似應在人道上建立更積極的基礎，承認性善，發揮人道，少講無明，多行智慧。譬如「十善業」的不殺生、不偷盜等都是從「不」字上下工夫，好像是針對無明的。至於「八正道」的正見、正思惟等似乎是從「正」字上建立德行。可是什麼又是「正道」？

很多初學佛的人能夠背誦這八項，卻並不知如何去實踐，所以雖「正」，卻不知如何去「行」，也不知從那本經、那本論裡去查。即使查到了一些概念式的解釋，又不知如何與現實生活結合在一起來「行」。於是只好去請教法師，可是真正知「正」法、善說「正」道的「正」牌法師也並不太多，而且法師又不能整天跟在學佛者身旁隨時指點。我們說這話，並非批評「八正道」，而是站在中國佛學與中國文化結合的立場，為佛學在植根於人道這一努力上，多開出一條路來，就是善用中國哲學在德性方面的貢獻。譬如欲行「八正道」，我們的四書便是最好的實踐的參考，我們細讀四書，除了孔孟不素食之外，又有那句話和佛家的「正道」不一致？四書是中國人實踐了二千多年來的德性修養，作為一個植根於中國文化裡的佛學，又怎能不好好利用？事實上，目前已有「正信」的法師和佛教社團把四書列為信眾必讀的典籍，可證我們說這番話，並不是替儒家作推銷，而是佛學在未來的發展上，很自然的會走上這一條路。

3. 理論與制度的融合與創新

前兩點，都是就理論來說，而這裡，乃是從理論實踐於社會，改善制度，以影響人生來說的。

佛學的理論講「空」，就像真如體空一樣，有它的不變性，可是理論落實下來，實踐於社會、制度，和人生上，便涉及了「有」。有了「有」，使有時間和環境的約束，便不能不有所變遷。就像中國文化一樣，哲學的精神是不變的，但禮樂的制度卻因時因地而有所不同，後代的哲人如果不能加以改良，這些制度便會僵化，這也就是民國以來中國傳統制度不振，以至於衰竭的原因。同樣佛教的制度也是一樣，如果後代的僧眾一味沿襲舊傳統，不敢，也不知有所變更，這是因循，這是不負責任。最後，使得佛教不能適應新社會的需要，一面是它本身衰弱無力，沒有生命；另一面是各種異說假佛教之名而起，不可收拾。

我們說理論與制度的「融合」，是指理論必須與制度相應，也就是理論必須能指導制度。這裡的制度並非只指僧尼的戒律，而是包括了佛教影響社會的一切風俗習慣等。在融合之後，必須「創新」。也就是說在理論的指導下，一切的制度必須因應新的環境，而有所變改。就以比丘二百五十戒、比丘尼三百四十八戒來說，其中不知有多少戒已不合時宜，無法執行。再說比丘和比丘尼戒律的不平等，而比丘尼必須修成男身之後，才能成佛。在今天男女平等的社會，也令人無法接受。明知它的不合宜，可是很多人礙於戒律是佛陀的遺制，不敢輕言更改。使得這些不合宜的戒律形同具文，而新的體制又沒有建立，於是大家各行其是，而沒有一定的準則。這樣發展下去，有很多人便打著佛教的旗幟，他們也穿袈裟，也講佛經，也有許多信徒。在不發生問題時，誰也管不了。在信徒眼中，他們也是高僧；可是一產生問題，他們斂財騙色，居然是登記有案的不法之徒，這樣的龍蛇混雜，實在有損佛教的形象。

然而這還是就消極方面的弊端來說，佛教要進入現代社會，為人們解決複雜的問題，傳教僧徒單靠講解傳統的佛經，持守古代的戒律，顯然是不夠的。他們必須有新的知識、新的方法，和新的態度。所謂新知識是指傳統佛學之外的各種知識，如科學、社會學、心理學、其他哲學、宗教學等。所謂新方法是指要像心理學家一樣為人療治心理的毛病，要像社會工作者一樣能深入群眾裡去從事救濟的工作。所謂新態度，例如木村泰賢曾提到廢除僧俗的差別，這是一個相當敏感的話題，他只點到為止，沒有詳論。因為這個問題要比廢除僧尼的差別還會引起更大的爭論。本文不在這方面作導火線，但要強調的三點是，今天僧俗的關係顯然和以前的不同。「僧」並不表示高高在上，已登彼岸；「俗」也並不就是愚昧無知，沉淪苦海。「僧」的出家是為了求道的方便。以前印順法師被問到既然強調人間佛教，為什麼僧侶必須出家？他回答僧侶的出家就像軍人一樣，他們為了保衛國家，出生入死，不宜有家。這譬喻很好，正可以說明這種新態度。軍人的沒有家並不是否定了家，要人人都來作軍人，相反的，他們是保衛家，使人人都有安樂的家。同樣一位出家人的出家，在以前的舊觀念是為了厭棄俗塵，去過清修的生活。在今天卻積極的是為了救人的工作、專業的方便而出家。因此他們在傳教時，不應對倫理的親情、人間的事業有負面的批評。唯有這種新的態度才能建立起新的制度。

總括以上三方面的發展，今後的佛家有更多實際的工作要做，民國初年太虛大師提倡人間佛教，今天印順法師也呼應人間佛教的建立，這幾十年的光陰一閃而過，人間佛教的工程，可能還在構圖階段。但人們對佛教的需求，而佛教必須要做的工作，卻是刻不容緩的。先看中國大陸，近幾十年來，對佛教的摧毀，甚於歷史上的三武一宗，可是這幾年來逐漸開放，人們在經濟上的無饜追求，將會使他們進入一個生活極富裕，精神極空虛的境地。這時候對宗教的需求恐怕更為迫切。但雨後春筍，雜草叢生，宗教的發展也會像氣功一樣，變得光怪陸離。佛教如何保持它的正信，以穩定的步子去建立人間的佛教，實有待於更大、更多的努力。再看臺灣的情形，佛教在近幾年的發展，可說如日中天，但禪語也滿天飛，中學生會談禪，電影明星會談禪，政治人物會談禪，電視上的武俠一邊拿刀，一邊也會談禪。禪的機鋒妙語也變成了仕女炫耀的裝飾品。這樣的發展下去，是否佛教的生命也被一味的談禪都談完了。這就好像人間佛教的地基還沒有建好，上面五光十色的裝飾品卻都出籠了，這對佛學和佛教的發展，究竟是禍是福，實在值得我們深思了。

最後，站在儒家和中國文化的立場，我們還要說幾句話。儒家雖然是中國文化的主流，但今天儒家的發展，卻有欲振乏力之感。在中國大陸，如果共產的政體不改，儒家思想始終是他們的心頭之患，要談儒家思想的復興恐怕比輸入民主還要困難。在臺灣，二、三十年前，在上位的人強調中國哲學，有孔孟學會的成立，有中國文化復興運動會的推行，甚之有中國文化學院的助成，至少都是一點一滴在這方面的努力。可是近幾年來，在上位的人絕口不談孔孟，雖然在學校裡還有中國文化基本教材，但學生們熱中聯考，對於這門功課也只是為考試而學，根本發生不了力量。所以儒家思想的推行，在上在下都沒有基礎。至於佛學或佛教卻不然。在上位的人有麻煩，或競選有需要時，他們不會去請教儒家的學者，而去頂禮佛家的高僧，或到寺廟中去膜拜乞福。在下位，佛教更有廣大的群眾基礎，可以呼風喚雨，一次義賣捐款，便有數億之鉅。在這樣一個佛教被看好的社會中，建立人間佛教是最好的時機。但如果真要建立人間的佛教，絕對離不了倫理，離不了人情。一位中學老師要求學生去孝順他們自己的父母，遠不如一位法師勸勉信徒去事奉他們的父母來得有效。舉個例子，在某次法會中，一位信徒向法師請教，因他的父親癱瘓有年，做子女的工作繁忙，事奉不易，而且眼看親人患病，也增加自己的痛苦。他問：如何才能得到解脫？這位信徒的事奉父親，這是儒家強調的孝道，也是子女的責任，可是在事奉時，不能沒有痛苦的感覺。這時法師的幾句話，告訴他因果業報，也許是靈丹妙藥，使他減輕了不少痛苦，更能任勞任怨的去盡責，這是佛教信仰有助於儒家教化推行的地方。

再說今天我們要推廣儒學運動，不要說思想，就是實際的經費上便會有很多困難，如果我們登高一呼，要捐款印幾部經典，要成立儒學研究的學院，試想社會上會有多少的回應，能像佛教界，一彈指，就動輒數億嗎？目前，佛家既然有這麼大的力量，如果能有做好事不限於佛門的胸襟，超出門戶之見，吸收儒家方面倫理教化的經驗，為儒家的教孝教忠多盡一點心力。那麼，緊接著宋明儒家之後，而有新佛家的興起。這樣一來，有二千年來印度和中國佛學的智慧，也有二千多年來中國哲學的經驗，人間的佛教在中國文化上的建立，便會有更鞏固、更廣大、更深厚的基礎了。

§

貳、生命哲學的運用

一、倫理的心理建設

（一）倫理的蒙塵

倫理在中國哲學、文化，和歷史上，曾扮演了一個極重要的角色。在過去三千多年漫長的歲月裡，她的地位，卻始終屹立不搖。

可是近百年來，由於西風東漸，卻把她從唯我獨尊的寶座上，吹了下來。羞辱並至，欲振乏力，這就是我們所看到的倫理蒙塵記。

我們用「倫理的蒙塵」一詞，有兩個原因：一是倫理本為天地的常經。只要有家庭、有人群，就有倫理的存在，所以倫理本身不會衰退，不會敗壞，而是人心的墮落，使她蒙上了污濁的塵垢。二是今天倫理的失勢，並不意味著倫理的無用。相反的，這只是暫時的現象。社會愈亂，愈需要倫理來挽救，所以倫理的蒙塵，正表示了倫理的光芒，終究會衝塵而出。

蒙塵的譬喻，還含有蒙羞的感覺。今天社會上的許多所作所為，簡直是對倫理的一種侮辱。凡是心存倫理觀念的人，都會感覺到一種難以忍受的痛心。這一點感覺非常重要。如果大家都沒有這種感覺，那麼整個社會的精神便完全衰竭。倫理不只是蒙塵，而是永遠的埋骨地下。

今天，我們在這裡討論倫理的問題，不是在研究那些空洞的術語名詞，而是滿懷痛心的感覺。禪宗的茶陵郁和尚有一次過橋不慎而滑倒，因而大悟，寫了一首詩說：

我有明珠一顆，久被塵勞關鎖；
今朝塵盡光生，照破山河萬朵。

我們也希望倫理所摔的這一跤，能開出一個光明的未來。

（二）關心的故事

接著我們談談另一個故事。

在六年前，有好幾位研究哲學、宗教、心理學的東西方學生來寒舍漫談中國文化，每月一次，我們取「家事、國事、天下事，事事關心」之意，戲稱為關心茶會。這個茶會由於學生們的熱情與堅持，一直延續到今天，足足六個年頭。後來，由每月一次變為每個星期一次；由無邊的漫談而集中到專門研讀四書。

由於以四書為主，所以自然以孔子和儒家倫理為中心。在這段期間，他們對孔子思想的熱心令人感動，可是他們為了宣揚儒家思想，卻有各自不同的困惑，現在先看看他們的背景和經驗。

羅君是美國人，但有德國血脈，所以思路比較深沉。他曾做過天主教的修士，也曾擔任中學教師有年。在攻讀碩士時，專心禪學；最近攻讀博士，轉變到儒家。準備撰寫《論語》和《易經．繫辭傳》之間關係的論文。他時常提出的問題，是如何向毫不關心倫理問題的西方朋友介紹孔子思想，在他遭受到某些挫折後，便決心先從自己做起，能影響多少就多少。

戴小姐是純粹的美國人，年輕而率真，對於人生的經驗和閱歷很淺。她對儒家的喜愛，和孔子的崇拜，完全是出於天生的。最近她到臺灣擔任某宗教的英文助理，她和教友們談起《大學》、《中庸》的許多理論，使他們吃驚的是一個外國女孩何以懂得如此多，這也反映了國人對儒家理論的隔閡。

唐君來自中國大陸，曾在美國獲得工商管理的博士，一邊任教，一邊又重修哲學博士。他自謂在大陸時根本沒有研讀過四書，最近才發現儒家思想的重要。他較有興趣的是把儒家的理論用在管理學上，但如何才能突破批評儒家封建而自己比儒家更封建的大陸社會的結構，他卻憂心忡忡。

潘君祖籍中國，但出生於日本，自幼在香港，十二歲即一人來美就學，可說與中國文化的淵源甚淺。可是他身居國外，卻深感中國文化的重要，而立志要把中國哲學從心理學上發展出來，他的博士論文就是寫孔學與心理治療學。他也有好幾年的實際治療的經驗，根據他的體驗，把儒家哲學包裝起來灌輸給心理病患，不算困難，但把它傳給沒有病的西方人士，或海外的華僑，反而大為不易。

李小姐生於新加坡，從小就在國外留學，研習西方文學，在美國的中學任教近二十年，最近讀到《論語》時，卻發現在西方文化中的許多至理名言，都可以在《論語》中找到，而且《論語》所說的比它們更深切、更周延。可是當她和中國朋友談到研讀《論語》時，幾乎都是不屑的說：「妳去研究孔夫子？」

我之所以詳細介紹以上幾位年輕學生們，乃是因為在今天的社會上，像這些飽受西方教育，或共產教育的年輕人，對中國哲學和文化產生興趣，已不容易；何況他們矢志要發揚中國哲學和文化，更為難得：他們不像某些西方人士喜歡道家、佛學，或密宗，都只是為了好奇，為了個人的解脫，只是獨善其身。可是這幾位年輕人，卻立志要兼善天下。但當他們準備把儒家的這套理論，如格物、致知、誠意、正心、修身、齊家、治國、平天下，向外推廣時，卻發現困難重重，如：

1.整個國家社會的問題錯綜複雜，孔子的理論雖然高明，卻不知從何下手。

2.這種工作本來應該從自己周圍開始，可是一個研究哲學的人，謀生都不容易，何況要以自己為榜樣，來勸誘別人。如果改行從事商業，而目前的環境，一切唯利是圖，不同流合污已算難得，漫說要發揮影響？

3.再說影響自己周圍的人吧！今天的朋友們多半是泛泛之交，即使有一二好友，但所學不同，又如何能合道同志。即使自己最親的人，如夫妻、兒女，要能說服他（她）們，發揚儒家的倫理，已經不易，更何況他人。

我之所以要講這個關心的故事，就是為了說明今天我們講倫理，不是在講倫理學，不是只在宣揚倫理如何偉大、如何重要。而是透過自身的體驗，如何把倫理運用在今天的社會中，如何從日常生活中實踐出來。

（三）倫理建設的心理障礙

談到運用和實踐，最根本的是一個心理的問題，倫理建設，重在心理建設。而從事倫理的心理建設，首先要了解在倫理建設上的許多心理障礙，就像建築一樣，蔓草不除，地基不立，便無法向上建設。

倫理建設的心理障礙，可從兩方面來看：

1.傳統的

(1)倫理隨道德教條而膚淺化

倫理指的是倫常，也就是以家庭為本而開展出來的人與人之間關係的至理和至情。至於道德兩字，分開來，本是指天道和個人的德行；合起來，都是指從倫理中發展出來的一套德行。譬如中國的倫理以孝為根本，由子女的孝，相對的講父母的慈；由子女的孝，推展到兄弟姐妹之間講悌。再由這個慈、孝，與悌的家庭倫理，推展到社會上，便有仁義禮智信的道德行為。雖然在孟子眼中，這套道德行為的端點也是發之於心的，但卻是從家庭的倫理生活中培養出來的。所謂「孝悌也者，其為仁之本與！」（《論語・學而》）本來，倫理是發乎情，道德是存於行的。可是由倫理而道德之後，很多人忽略了倫理的情，而只講道德的行。本來「行顧言，言顧行」，在儒家是言行一致的，可是後來，「講」的道德多於「行」的道德，於是道德便從「行」中虛脫了出來，成為外在的德目。這在老子《道德經》中便有強烈的反應。如：

六親不和有孝慈。《第十八章》

絕仁棄義，民復孝慈。《第十九章》

前後兩個孝慈意義完全不同。前者是在「六親不和」之後，指的是道德規範；後者是在超越「仁義」之後，是指回復到實際的行為。老子批評的是德目，而不是行為。

由於這種外在的道德逐漸教條化，一般人只在表面上講道德，而流於虛偽。使本為發乎天性的倫理親情也被人當作德目教條，而予以揚棄。

(2)倫理隨社會制度而僵硬化

倫理本是人間關係的至情至性，但把它表現出來，便必須有大家共同遵守的規範，這就是禮制。譬如孝本是子女對父母的感情的表現。但這種感情因人而異，因時而變，所以有孝的禮制，使這種感情固定下來，有規矩可循，有制度可行。

然而禮制是社會的制度，任何制度都是因時因地而立的，時代變遷、環境不同，這種制度便會逐漸的板滯，便必須有所修正，才能有新的精神，以適應新的社會、新的需要。譬如孝制裡的三年之喪，這在孔子以前便訂立的，到了孔子的時候，就有僵化不適的現象，才有墨子的為文批評，而主張節葬；甚至孔子的弟子宰我也提出質疑，以為廢事，孔子雖然維護禮制，但對於三年之喪，也只能以情感的安與不安，把問題擱在一邊。

然而問題仍然沒有解決，到了後來，各朝代都以硬性的法律來維護失去時代意義的禮制，這無形的，更促使了禮制的僵化。譬如三年之喪內，男女不能同房，如果懷孕生子，稱「服中生子」，以前受輿論制裁，唐朝的法律，更訂立「服中生子」，坐牢一年。本來法律雖嚴，只要不作奸犯科，也就沒有值得顧慮的，可是自禮制和法律相連之後，這種法律的禮制便像一隻無形的手，控制了我們生活中的每一細節。因此當人們進入了一個較為自由開放的社會時，便毫不留情的把這些僵硬的禮制加以捨棄。這也是人類觀念進步的表現。可是不幸的是，城門失火，殃及池魚，在禮制背後的倫理，也因此受到牽連。人們誤禮制的落伍，為倫理的落伍。民國初年以來，很多人反對孝道，他們所舉的理由只是禮制的不合理。

(3)倫理隨風俗習氣而迷信化

當禮制僵化之後，如果沒有後賢後哲加以修正，來適應社會的需要，於是一般的人們便以他們自己的看法來運用，而形成了風俗習慣。依照儒家的思想，聖人的教化是為了移風易俗，可是當聖人的教化不能下達時，一般人相沿於風俗習慣，而愚夫愚婦們，更誤解、偏執，以致形成了許多迷信的陋習。

譬如孝道的思想，在《論語》中所載，都是有理有情的，到了《孝經》，雖然理多於情，但在理上仍然相當周延。至於《禮記》一書，為孔門後學所編，其中詳列了生活上實踐孝道的細則，雖然這些禮的制度已顯得板滯，但仍然是依據理來建立的。可是到了流俗相傳的二十四孝，固然有許多故事很動人，但也有不少的，於情於理都走偏了。尤其為了奉養父母而活埋親生嬰兒一則，傷情悖理，完全違反了孝道生生的原則。這正反映了風俗習氣把倫理變得粗俗、淺薄，而走入了迷信的路子。我們不必在歷史上去找出多少這些愚孝的事實，就拿今天中國大陸一胎化政策下，上百萬的女嬰被扼殺，以及臺灣也有每年七千名的女嬰被遺棄（《世界日報》臺北民國八十四年六月十七日電訊），這就足以證明傳統的子嗣承繼，變為重男輕女的風俗所造成了愚昧的行為。

倫理的精神是生生，是使生命能不斷的延續。為了維護這一精神，禮制上便強調子嗣的繼承。這雖然是應時代的需要而立，但畢竟是有所偏的，可是由此而產生重男輕女的觀念。加上農業社會的生產力重視男丁，以及風俗上的嫁妝等習氣，種種的因素，使重男輕女的觀念，產生了許多不良的影響。於是種種迷信產生，剝奪了婦女的人權，如因病沖喜、小丈夫、童養媳等等，甚至而扼殺女嬰。從這種變遷來看，風俗習氣的誤導，最後反而違背了倫理的精神。到了今天許多人反對陋風惡俗，不明所以，連倫理的精神也一併遺棄。這就是倫理受風俗迷信牽連的事實。

2.現代的

(1)倫理為自由主義所衝擊

倫理是重視人與人之間的關係。有了這種關係，便有約束，因此相對的，也會減少了某些方面個人的自由。在中國古代哲學裡，站在自由的立場以批評倫理約束的是道家，如老子講自然，莊子講逍遙。不過老莊所重的是精神的自由。人們必須法「道」，才能有這種自由。事實上，法「道」，也是遵循某一種的關係，而不是胡作亂為。

可是今天人們所追求的自由卻不是精神的向上提昇，而是向下的墜落。此處所稱自由主義，並非嚴格的指某一學派，而是指一般人心的趨勢，掉入了這一精神的下墜。有的人淺，有的人深；有的人不自覺，有的人卻態度顯明。譬如有人反對婚姻、反對家庭、反對宗教、反對道德，甚至也反對國家體制。他是徹頭徹尾的反對一切和倫理道德有關的事物，他反對的唯一理由是為了自由。可是對於自由並沒有深入的哲學基礎，卻只有一個心態，就是逃避約束，逃避責任。另有人，並不像前者一樣全盤的反對，卻在某方面有意的逃避，如逃避婚姻。儘管不像自由主義那麼旗幟顯明，但逃避約束、逃避責任的心態卻是一致的。今天在社會上，像後面這種例子卻很多，而且愈來愈普遍，這正顯示了自由主義對倫理的衝擊，瓦解了人們的責任心，在不知不覺中，沖垮了整個倫理的地基。

(2)倫理為享樂主義所腐蝕

人心求享樂也是一種自然的欲望。可是享樂的被誇大，個人以享樂為目的，社會以享樂為號召。大家交相求樂，整個世界便會墮入無限貪婪的深淵。

二十年前，英國史學家湯恩比曾為文批評今天世界各國經濟的發展以享受和貪欲為動力，這將會使整個地球的能源耗盡，因為人類生存所賴以維持的只是在地球表面的一層，這一層物資有限，而人類的貪欲無窮。所以很快就會被用盡，湯恩比所預言地球的危機，儘管為時不遠，卻畢竟為一般人所忽視。

我們不必向遠看，只要看看足下，我們就會發現享樂主義所發酵的細菌，正在腐蝕我們的心身，不必等到地球的物資被耗盡，我們的家庭、社會、國家早已被貪欲所燒燬。

享樂主義在表面上來看，好像理所當然，因為人生不樂復何為？可是享樂主義的心態卻潛伏了一個敗德的因子，就是驕淫。驕者自大，淫者輕人。一有驕淫之心，就玩物玩人，無所不為。享樂主義之所以腐蝕倫理，是由於這種驕淫心破壞了一切倫理道德的根本——報恩的情感。朱伯廬《治家格言》上說：

一粥一飯當思來處不易，
半絲半縷恆念物力維艱。

這不只是愛惜那一粥一飯、半絲半縷而已，而是尊敬那製造一粥一飯、半絲半縷的勞力和精神，而是進一步反省自己是受惠者，該如何圖報於人。今天又有多少人還記得這兩句話，又有多少人看了這兩句話，而不「大笑之」。可是在大笑聲的背後，那驕淫的怪物正吞盡了人類最後的一絲感恩的心情。

(3)倫理為個人主義所破壞

孟子對楊朱的批評非常激烈，原因是楊朱提倡「為我」，這是個人主義的思想，這種思想擴張，將會破壞了倫理的整個組織。

「個人」的意識本來重要，因為有了這個意識，人類才能自求生存。但中國哲學不強調個人，而是把個人納入倫理的組織中去培養。因為單單個人的力量有限，必須群策群力，結合整個家庭，或家族，才能使個人的生存和發展受到保護。不僅中國，古代的西方也是如此，他們的個人與家族、宗教，或國家都有密切的關係。很多人以為西方強調個人，中國不講個人，以此相較，而有意要學習西方的個人主義。殊不知個人主義在西方也是近代的產物，是在宗教失勢、家庭破壞之後，才突顯了出來的。但在西方由於講法治，個人主義的突顯，有時受到了抑制，所以在表面上好像還不致大亂，但事實上，潛伏的問題卻愈來愈嚴重。

中國哲學不是不重視個人，相反的，卻是特別重視個人。所謂「修身」，就是修養個人。孔子講的「仁」便是人格的完成。可是今天個人主義的突顯，只是個人意志的膨脹。他們不願以道德去修養自己，因為他們感覺那是對個人的約束。他們只求財力、知力、權力、能力，他們集各種力於一身，卻沒有德性去調和。所以在他們自身已不和，那麼與人相交，更是劍拔弩張，一觸即發。

倫理的精神首重一個「和」字。今天個人主義的極端發展，卻是所存者「力」，所過者「鬥」。把婚姻、家庭、宗教、學校、社會，每一個地方都當作角力的戰場了。

（四）倫理建設的心理建設

心理建設一詞，為國父孫中山先生所創，在當時，是指「知難行易」的哲學，在這裡我們借用「心理建設」一詞，是指從事倫理建設的時候，最先應從心理建設做起。我之所以這樣強調，乃是因為在八年以前，我應邀參加國家建設會議的文化組，在行前我寫了篇《孝字的生命歷程》為宣讀的論文。我心想討論孝道總該是文化建設的一個重點。可是與會時，大家都沒有論文，只是口頭建議。雖然我被選為該組主席，我也曾幾次三番把問題拉到哲學上，拉到倫理上，可是得不到反應，大家熱心所談論的，都是如何保護古蹟，如何提昇音樂水準，如何呼籲成立文化部等等。孝與倫理，可能比古蹟還不受人重視，但使我吃驚的倒是有一次在電視中聽到一位政治人物，狠狠的用了兩次：「黨的倫理」。我當時就很奇怪，家庭沒有倫理，又那來「黨的倫理」？想到這裡，我愈發堅信理從事倫理建設時，首先必須有心理建設。

以下是我對心理建設的一點構想：

1.三個方面的努力

(1)倫理在宗教上的心理建設

此處所謂宗教是不限於某一教派，而是取其廣泛的意義，一面固然也包括了各種純正的教派，另一面卻是指宗教的精神。所以本節要談的，是如何使倫理透過了宗教的努力，而與宗教的精神相結合。

在《易經．觀卦．彖辭上》曾說：「聖人以神道設教，而天下服矣！」這話是出自於孔子和他的門人，顯然這裡所指的神，不是上帝或神祇；所指的教，不是世俗的宗教，而是指以天道和天命來建立移風易俗的教化。

在古代的西方，宗教產生很大的力量，是人們精神的支柱、道德的淵源。這是由於宗教的精神進入了家庭，支持了倫理，才能對社會產生如此深廣的影響。在古代的中國，灌輸倫理道德觀念的是儒家。儒家的孝道不僅發揮了宗教的作用，甚之取代了宗教的地位。自印度佛學傳入中國之後，雖然它的教理與中國原有的倫理教化不同，但在佛學中國化的過程中，最主要的還是佛學的倫理化。因為由倫理才能深入到中國社會去生根。就以觀世音菩薩從印度移民到中國，由男身變為女相，甚至增加了觀音送子的任務，便可看出佛學上倫理意義的加重。

今天在臺灣的幾個主要教派中的領導者，都已注意到倫理的重要，如二十年前于斌主教的首開天主教中祭祖的儀式，佛教自太虛的人生佛教到印順的人間佛教，以及最近由暗化明的一貫道，更標榜儒家，在舊金山建立了一個道場，稱為忠恕道院。至於在中國大陸，各種宗教也逐漸恢復了生機。以前人們信仰的馬克思主義，是完全和倫理絕緣，而今後，馬克思主義的信仰破產，各種宗教取而代之，它們的任務正是要幫助人們如何由馬克思的唯物，和西方的唯財，再轉化到倫理道德的中國文化上，所以如何用宗教去弘揚倫理，正是他們的大前提。

儘管他們已知道這個前提，或已朝著這方面去努力。例如他們也把四書當作經典，他們也崇揚儒家的孝悌仁愛。但這還不是根本的精神所在。我以為倫理與宗教精神結合之處，也即倫理在宗教上的心理建設的基點，乃是在人們宗教的信仰上，建立天道和天命的觀念。天道，簡單的說，是天地生生之德；天命，具體的說，是大賦予我們的性和命，而盡性知命，以完成天命正是我們宗教實踐的精神。這一心理建設的確立，使我們不致把宗教看作個人的避難所，甚至把宗教當作逃避倫理困境的靈丹妙藥。相反的，使我們藉宗教精神的點化，使我們正面解決倫理的問題，而積極的去建構人間的天國，或人間的淨土。

(2)倫理在心理學上的建設

今天一般所指心理學都是指西方的心理學的理論。西方的心理學近百年來從哲學中獨立出來以後，便再也不顧哲學的老娘，而直奔科學的新歡。他們為了做得更近乎科學，儘量客觀，便完全聽信科學的儀器，重視實驗的結果。但心理學畢竟是人對人的，而不是人對物的，所以近年來的趨勢，又逐漸靠近哲學，甚至從東方思想中來吸取經驗。譬如前面提到的心理學博士潘君，他從事心理治療學，卻發現西方心理學的資源有所不足，而回到中國哲學上，發現儒家思想中有不少的寶藏，可以提供給未來的心理學發展。依他所知，今天在心理治療上，佛洛伊德的理論已逐漸被遺棄。最新的發展有兩方面，一是認知行為的治療學 (Cognitive Behavioral Psychotherapy)，一是家庭體系的理論 (Family Systems Theory)，前者是強調對思維和行為的反省，以突顯自己的責任感。後者是把心理治療從單一的個人中超脫出來，而注重家庭，或群眾的關係。從這兩種發展的趨勢看，西方心理學的路子又逐漸和儒家的思想非常的接近了。

我們把前面西方心理學的兩條新趨勢連接起來，用儒家的術語，就是《大學》上所講的「修身」和「齊家」的問題。自反的責任感是修身的開端，而個人在家庭中的關係，正是倫理的基礎。所以整個問題的重心，還是在於個人。西方傳統心理學針對個人，提出一個「自我」(ego)的理論，都是負面的治療，而欠缺正面的修養。今天我們主張倫理的心理建設，就是希望心理學家和心理治療師們多重視一點健康的心理學，更積極的說，也就是德性的心理學。這種建設就是正面去修養自我，把人的善性良知充分的發展出來。

(3)倫理在社會風氣上的建設

社會風氣的下墜，主要是倫理道德的敗壞，古人常說世風日下，就是這個意思。但說世風日下還表示人心尚有倫理道德的標準。就像今日的環境污染、空氣污染，雖然不易解決，但我們還知道那些是不好的，可是因人們倫理道德觀念敗壞而產生的精神污染，起初我們還感覺到它的不好，久而久之，習以為常，非但不以為怪，反而順著它，積非為是，還以為自己落伍，不合潮流。

舉個例來說，二十年前，電檢處對不雅的鏡頭嚴格制裁。漸漸的，尺度放寬。接著電影分級制，成人電影可以出租，最近女生宿舍公開放映A片，男教授不僅支持，還參與欣賞。

我舉這些例子，暫不論它們與倫理道德的關係，只是說明人心風俗的改變，久而久之，便習以為常。

今天社會風氣的下墜，原因很多、很複雜，而且是全面的。也就是說，政治、教育、經濟、社會，每一環都有影響，都互為因果。譬如政治上只重金權，不講誠信，自然影響學生，急功近利，不重道德；經濟上只求利潤，不擇手段，自然影響社會，人心澆薄，笑貧不笑娼。

要針砭目前社會的風氣，管道很多，不是我們在這裡所能詳論。但社會風氣是人為的風氣，宋儒張橫渠主張變化氣質，要轉變社會的風氣，首先就要變化人的氣質。在中國歷史上，真正注重變化氣質的應該是孔子。他說：「君子喻於義，小人喻於利。」（《論語．里仁》）便是由捨利就義，去轉化人的氣質。他一再的強調君子「坦蕩蕩」、「文質彬彬」、「和而不同」、「謀道不謀食」。這都是為我們確立了君子的風度和德性，以作為我們變化氣質的標準。

倫理在社會風氣上的心理建設，就是希望公認君子的風度和德性是我們人格或品格的標準，大家都以做君子為做人的基本要求。重義多於重利，整個社會自然趨於祥和。

2. 三個基本觀念的建立

(1) 正命而天命

「命」是生命。我們賦予生命以意義和價值，是「正命」。而使生命的意義和價值不斷的向上提昇，就是「天命」。張橫渠四句偈中的前兩句：「為天地立心，為生民立命。」立心就是立「天命」，立命就是立「正命」。

今天人們只重視肉體的生命，而忽略了生命的意義和價值。本來「正命」也是包括了肉體的生命。人身得來不易，自應好好的愛惜。可是一般人重視肉體的生命，並不是真正的愛惜，相反的，卻是暴殄自己的生命。老子曾問：「名與身孰親？身與貨孰多？」（《第四十四章》）可是一般人不僅為名為貨，無厭的追求，忽略了保養生命，甚之，深怕生命有限，不能享盡天下的美物美色，因此縱欲放任，反而加速摧毀了自己的生命，這就是由於他們不知道「正命」。

從「正命」而「天命」，就是把「正命」向「天命」提昇，默識天地生生之德，自己有此生命，便有責任助成天地的生生化育。把這種對天的責任，當作自己的「正命」，就是此處所謂的「正命而天命」。有時在我們有限的肉體生命歷程中，遇到許多病痛、災患，很不容易去發揮它的意義和價值時，這時便需要「天命」來化解、來提昇。下面舉兩則生死的真實故事來說明這個關係：

幾個月前在美國的《世界日報》上看到兩則新聞報導，很顯然是編輯有意把它們並排在一起的，一則是寫兩個年輕學生的自殺，一個是大學四年級的學生，遺書說他四年大學生活沒有成就感，未來更是茫茫，所以用自殺，使自己走得很快樂；另一個是高中三年級的學生，遺書說他有多重人格，別人快樂，他不快樂，所以就這樣的走了。另外一則是寫小說家劉俠十二歲患「類風濕性關節炎」，纏綿病榻四十年，類風濕性關節炎的那種疼痛，連麻醉藥都失效，我們不難想像，可是在她患病四十年的感恩聚會上，她說她忙得沒有時間死亡，她忙於寫作，忙於公益，她體會了生命的寬廣與美好。把這兩則故事相對照，前面的那兩個學生，根本不知道生命的意義和價值，是不知「正命」。而劉俠在她的肉體生命中，很難發現意義和價值，她之所以能創造了意義和價值，完全是上通了天命。

我們之所以在「正命」之上，還要說「天命」，就是要把我們生命的意義和價值向無限方面提昇。「天命」是我們「正命」的源頭活水。也唯有體認「天命」，才能真正建立我們的

「正命」。

(2)自謙而自誠

在這裡，我把「謙」和「誠」連在一起，在我自己的思路上有兩個淵源：一是在近年來，我教《易經》。常以陽的「貞」是誠，即陽爻以誠為正道；陰的「貞」是謙，即陰爻以謙為正道。但有時在陽爻上也需講謙，在陰爻上也需重誠，所以我發現謙和誠實是一體的兩面。不能謙，便無以顯誠，而誠之動人，正由於它的守謙。二是在最近我教到《大學篇》的《慎獨》一章，發現自謙和意誠的密切關係。該章原文是：「所謂誠其意者，毋自欺也，如惡惡臭，如好好色，此之謂自謙，故君子必慎其獨也。」自謙的「謙」，古注把它當作「慊」，是指滿足的意思。朱熹也注作「快也」；「足也」。其實這樣曲意解釋，都會弄巧成拙。反不如「謙」的原字直截明白，《說文》「謙，敬也」，正可作這個「謙」字的旁證。「如惡惡臭，如好好色」，這是直接的感覺。如果明明是惡臭，卻說不惡；明明是好色，卻說不好，當然是自欺，是不誠。可是因我的惡惡臭，也想到別人的惡惡臭，我的好好色，也想到別人的好好色，這是一種謙恕之心，也是一種誠意。所以「自謙」兩字的意思是，「自」是自己真真實實的感覺，「謙」是以謙恕之心，和別人共體這種真真實實的感覺。我惡惡臭，想到別人也惡惡臭，而不把惡臭推給別人；我好好色，想到別人也好好色，而不奪人的好色，這是通過了「自謙」的反省工夫所表達的誠意。

今天社會上極流行的一句話，就是「隨著感覺走」。惡惡臭、好好色是感覺，如果沒有自謙的工夫，只憑著自己的感覺走，那麼你有你的感覺，我有我的感覺，我不管你的感覺，你也不顧我的感覺。於是大家的感覺糾纏在一起，便亂成了一團。就像在愛情的表達上，我的「好好色」，就是我愛你。我愛你就是我真真實實的感覺，不管你愛不愛我，我要這樣去說，這樣去做。看起來，好像這是不自欺，這是誠心，可是卻缺少了一個「自謙」，於是一變而為欺人，一變而為妄心。「謙」的相反是驕。先師吳經熊博士曾把「萬惡淫為首」改為「萬惡驕為首」，我問他：「難道驕比淫更惡嗎？」他說：「一切的淫亂起於一個驕字。淫人者，就是自以為高，看不起別人，才會作賤別人。」我以為就惡行來說，「淫」比「驕」為大。但「淫」的罪惡，大家都看得見，可是「驕」卻不易覺察而易犯。今天國人愛說：「臺灣的錢可以蓋滿足背。」這句驕氣的話背後，不知會製造了多少的罪惡？

「謙」字，一般人的解釋是謙讓，好像是退避的作用，這是今天人們所不喜歡的。但在心理學上卻是一個值得注意的問題。我曾在此間電視上看到一位被訪問的中國母親，談論她對子女的教育，她說在美國的社會中一切要競爭，所以她訓練子女，要充滿鬥志，絕不退讓。

這就今天社會的適者生存，優勝劣敗來看，似乎言之成理。有許多心理學的組織，就是訓練人要有戰鬥性，要發揮潛能，別人工作八小時，而你能工作二十小時。這就個人來說，完全武裝起來，也許可以打贏幾場漂亮的戰。可是整個社會中，人人如此的話，總會有贏也有輸，到了有一天，不幸落敗，則整個精神崩潰，這就叫做輸不起。

其實自謙並非一味的退讓，自願挨打，而是以謙為進。《易經》中有一個謙卦，卦中的每一爻都是在講進取，只是從謙退中求進取。但這個「謙」退並不是一般人用虛偽的方法達到目的，而是對自己的「自謙」，要真實的了解自己，而不誇大的膨脹自己。在這一節，我們說「自謙而自誠」，就是說明這個「謙」與「誠」的關係。謙是向內的，誠是向外的，謙而無誠，便是虛偽，便是自卑。唯有通過了誠，謙才產生了正面的力量，才能感人而化物。今天我們的心理建設講「自謙而自誠」，就是希望大家以自謙，來給予自己和別人更多迴旋的空間，以建構一個真誠和諧的社會。

(3) 成己而成物

「成己」、「成物」兩詞來自《中庸》：「成己，仁也；成物，知也。」（《第二十五章》）成己，是成就自己，是以仁德去成就自己。「成物」是成就萬物，是以智慧去成就萬物。

西方心理學家最重視的一個觀念，就是自我，而在心理學的運用上，最難應付的，也是自我，不僅心理學如此，在宗教上、哲學上，一切問題的核心，可能都要歸到了自我。這個自我的個性很強，一切倫理道德遇到了它，如果逆鱗而行，和它相左，恐怕都會遭到破壞。

如果我們把「自我」當作敵人一樣來對付、來克制。這在某種宗教的訓練上，也許可以行得通。但就一般人的心理，卻是不易接受的，所以在這裡，我們不說克己，而說成己。譬如講成仁，如果我們只講「殺身成仁」，或犧牲自己的利益以成仁，這樣便使得一般人視「成仁」為畏途。現在轉一個彎，說「成己」，就是「成仁」，大家便感覺順耳多了。

今天我們講「成己」，是要大家認清「成己」的真正意義和方法。一般人做任何事都為了自己，但卻不知道如何才是真正的為自己。賺錢是為了自己，賺更多的錢是更多的為了自己。可是很多人開始賺錢時是為了自己，後來錢賺多了，卻是為賺錢而賺錢，自己卻並沒有好好的運用。其實一個人能用的錢有限，那些多餘的錢，實在無關於自己的享用。就說享受吧！賺錢是否真為了享受？卻並不然，有了錢，花天酒地，傷身又損性。淫逸放蕩，家庭也產生了問題，有何享受之可言？所以此處講「成己」，是要我們想想如何才是真正的自己，真正的完成自己。就像畫一幅畫，從起筆到終筆，完成了一幅我自己滿意的畫。畫人生也是如此，要懂得如何才能把自己的一生畫得美妙、畫得圓滿。自己感覺悅目，別人也會欣賞。

每個人都有自己理想的人生之畫。所以在這裡我們不替「成己」作任何定義式的規範。不過避免「成己」的被誤解，或誤用，我們卻強調一個「成物」，用「成物」來點化「成己」，提昇「成己」。「成物」不是像科學家一樣的去發明萬物、為人所用。而是沿用《大學》上所謂「格物」的意思。「格物」兩字的傳統解釋，不是偏於朱熹的格物之理，便是偏於王陽明的格吾心之欲。雖然朱子的格物也是指外在的事物，可是他這個「理」字卻抽象玄妙，把格物帶入了形而上的路子，同樣王陽明的格心之欲，受佛學的影響，也走入修心養性的工夫。其實《大學篇》裡的格、致、誠、正、修、齊、治、平的八項工夫本很實際，問題在這個「格物的起點是否實際。其實，格物一義，在《大學篇》中可以找到解釋，如：

《詩》云：「於戲！前王不忘。」君子賢其賢，而親其親。小人樂其樂，而利其利，此以沒世不忘也。

這一章朱子以為是解釋「至善」的，但深察其中的意義和關鍵，我卻以為可當作解釋「格物」來看。而朱子自己也注說：「能使天下後世，無一物不得其所。」這正是指格物是使每一物都盡其能，得其用。不僅君子能「賢其賢」、「親其親」，小人（此處指一般百姓）也能得「

其所樂，得其所利，這也就是說無論是誰，都能各得其所位，各盡其所用。所謂「成物」，就在於「格物」，也就是使萬物順正道而充分的發展。

在心理建設上，我們說「成己而成物」，就是要大家確認萬物共存的道理，把成己放在成物中去完成，這樣才能造成一個人我和諧發展的社會。

（五）結語

本文是因倫理的蒙塵而作，本文的目的是為了洗淨塵埃，使倫理的精神重現在我們今天的社會中。

今天社會的變遷，人心的失落，倫理道德的觀念已盪然不存。即使我們大聲呼籲，也是言者諄諄，聽者藐藐，因為對於倫理道德的名詞，人們早已感覺逆耳。所以本文談倫理的建設，首從心理上著手。

從心理上建設，首先必須破除心理上的障礙。

第一層障礙，是人們對傳統制度的懷疑。他們一聽到倫理道德，就會聯想到許多小說戲劇所描寫的吃人的禮教。這本是一種誤導和誤解，但本文為了心理上的破除障礙，所以首先劃清倫理精神和禮教制度、道德教條，以及風俗習氣的不同。從而建立本文所謂的倫理，是指倫理的精神，是指人與人之間關係的至理與至情。本文中，有時也以倫理與道德連言，而本文所謂道德，也是基於倫理精神所產生的最基本的德行。

第二層障礙，是人們對現代生活的迷執。我們生活在現代，對於現代的觀念應該感同身受，知之深切。其實不然，「不識廬山真面目，只緣身在此山中。」我們都被許多新的風俗習尚牽著鼻子走，自由主義的失落，享樂主義的驕淫，個人主義的偏激，都把我們推向痛苦的深淵，我們卻不知不覺，還樂此不疲。本文之所以要破除這種障礙，就是希望大家能反思，看清這些現代的病毒，正在腐蝕我們的心身，破壞我們的家庭，污染人與人之間的關係。

在掃清障礙之後，接著從事心理的建設。

第一方面，我們從三個園地上來建設，即宗教、心理學，和社會風氣。今天人們精神苦悶，愈來愈需要宗教的慰藉。現代生活複雜，心理問題愈多，也愈需要心理學的指導。而這兩者都共同的面對社會，負起改良社會、移風易俗的任務。在這裡，我們沒有特別去談哲學，這是因為我們認為今天哲學的任務應該從觀念的分析，轉到倫理道德。而以倫理道德為中心，便必須注重實踐，必須透過宗教、心理學，去影響社會風氣。所以這三方面的努力，也正是哲學的建設。

第二方面，我們從內心的觀念上來建設。前面宗教上的努力，去建立天命，就是為了使我們認清生命的真正意義和價值，使我們的生命，不斷的向上提昇。心理學上的努力，去建立一個健全人格，使我們以「自謙」擺脫驕蠻的、自私的自我，而能至誠不息。在社會風氣上的努力，去標榜君子的風度，使大家「和而不同」，尊重別人，而達到人我之間的和諧。所以我們講「成己」，而「成物」，把自己放在成物中去完成。

最後，我特別再回應到前面「關心的故事」，而強調關心意識的重要。本文所討論的，仍然都是知識性的問題。要把知識變為行動，我們不只是談心理，而是先要把心暖起來。由關心自己，而關心別人。倫理道德不是冰冷冷的東西，而唯有把這個心先暖起來，才能使倫理道德暖起來。唯有倫理道德本身能暖起來，才能衝破塵封，散發出它的光與熱。

§

二、在易經熱流中談易德

（一）《易經》的熱流

八年前，我曾應邀參加山東大學舉辦的第一屆國際易學會議，當時中國大陸正炒起了一窩蜂的《易經》熱，據美國《世界日報》的消息：

熱中《易經》者，各種人等均有，男女老少、三教九流、科技工作者、政府公務員，甚至街邊個體戶，均不乏「《易經》專家」，不過最好奇的還是青年人。……連北京官方的《人民日報》也曾載文呼籲：「易理與象數兼顧，向多學科、多層次、多渠道、多角度的綜合研究發展。」為各地的陣陣《易經》熱推波助瀾。

回美後，我還不斷讀到大陸的某些「易學專家」放言將發現新的宇宙元素的排列，以及預測世界股票的動態等，我當時即寫了封信給主持該會議的劉大鈞教授，感歎《易經》研究的誤入歧途，後來劉教授在他所編《周易研究》第一期中，答記者問時便引了我的話說：

最近又有所謂「科學易」。「科學易」的特點是，把《周易》與所有自然科學進行無端比附，甚而至於百慕達三角地區的祕密，愛滋病的治療，都已於《周易》中找到了答案……這種所謂「科學易」已受到海外學者的嚴厲批評。臺灣學者吳怡先生給本人來信斥此為「把《周易》當成了二十世紀的新義和團神符」，「再這樣鬧下去，科學家要出來說話了」。

這種《易經》熱，不僅暴露了大陸一般人們思想的空虛，而且還會燒毀了《易經》研究的正途。試看近年來，和《易經》熱互相影響的氣功熱、特異功能熱，過度的誇大，變成了「怪力亂神」，把整個中國社會薰得烏煙瘴氣，彷彿中國文化的精神、中華民族的智慧，沒有孔孟老莊，沒有禮義道德，就只有這些。這豈不是更進一步的燒毀了中國文化的前途！

也就在同一年，我參加了臺北舉辦的國際孔孟學術會議。會後一位學者很憤慨的說：「如今《易經》的流行，都被一般人當作卜卦算命的書，甚至還有教授學者們，為這種不正常的風氣，在那裡煽火加熱。」今年，我回國參加現代化學術會議，發現好幾位政治界高層人士都爭談《易經》，我無緣去恭聽他們的理論，但心中卻不禁雀喜，因為《易經》的十翼充滿智慧哲理，尤其《彖》《象》兩傳更是中國歷代政治的最高指導原則，如今政治人士都喜愛此道，可見《易經》已成顯學，對國家社會的撥亂返正，將大為有功，我正拭目以待。可是不幸後來發現一本閏八月有災變的書，卻把整個臺灣，弄得人心浮動，社會不安。所以這又使我不能不懷疑，是否高層次的政治易理，無法淨化下層次的易術亂流？還是下層次的《易經》熱，向上迴流，而成為時髦的口頭「易」。

《周易》在孔子以前原是一本占卜的書，可是自孔子和他的學生們寫下了十翼之後，這十翼融入了《周易》之中，使《周易》脫胎換骨，變成了一本政治智慧、德性修養的寶典，後人才稱它為《易經》，而變成群經之首。此後，在《易經》中，德性修養的地位便重於神祕的占卜。凡是對《易經》有研究的人，都是重視德行的學者，又豈是替人算命的占卜之流？

雖然《易經》自漢代以來，被運用得非常複雜，有象數之學，有讖緯之術，有神仙鍊丹之方，而且還影響了中醫、拳擊，以及堪輿風水等。然而這些都只是抓住了《易經》中的某一些「理」和「象」，來作變通的，甚至附會的應用。用得正確的，猶不失為一種學術研究；而用偏了的，便完全成為摸「象」之談。總之這種種，即使和《易經》拉上了一點關係，也只能看作一種易學的流變。它們和《易經》的哲理與精神完全無關。

今天，《易經》熱的走上歧途，就是由於迷信這種摸「象」之談。無論占卜算命，或附會的科學易，都是出於利用《易經》為求名求利捷徑的不正常心理。因此，我們要把握《易經》的哲理和精神，便必須針砭這種心理。在我們學《易》之前，應有三點認識。

（二）學《易》之前的三點認識

1. 要有憂患的意識

「憂患」兩字最早見之於《易經．繫辭下傳．第七章》：「作《易》者，其有憂患乎？」很明顯的，這句話說明了《易經》一書的作者是為了憂患而寫的。也許有人以為這句話出自《十翼》，是儒家把「憂患意識」摻進去的。其實原始占卜的《周易》六十四卦中幾乎都是講危機的卦，除了標明危難的卦，如「屯」、「訟」、「否」、「蠱」、「剝」、「遯」、「坎」、「蹇」、「損」、「困」等等外，即使作為大綱的「乾」、「坤」兩卦，也到處有「夕惕若厲」、「亢龍有悔」、「履霜堅冰至」、「龍戰于野」的憂患意識。

所謂「憂患」意識的真正意義不是指個人的小得小失，而是指國家社會的大憂大患。如果《周易》是文王被囚於羑里所作，那麼，我們可以想像得出，他在牢中那種心繫天下安危的情景，他所設計的卦爻辭當然都是就如何解脫這種困境而作的。因此我們讀《易》時，自應具有這種和他相通的憂患意識，才能心心相應。

我們用《易經》，不是去問今天賭場的順不順手，明天股票的利不利市，或這次選舉的勝算多少。像這樣的問題，《易經》是無從回答的。因為《易經》卦爻辭根本不是為這樣的問題而設的。就像電腦一樣，根本沒有輸入這樣的程式，又如何輸得出這樣的答案？如果逼急了，它也許會用恆卦九三爻的話回答說：「你用心不正，為德不恆，是來自取羞辱的。」記得年前，在飯局中，遇到一位律師，他知道我在教《易經》時，便說：「我要向你學《易經》，看看如何才能轉變我的財運。」他把《易經》當作搖錢樹，和我話不投機，當時我只好顧左右而言他。試想，他和我的心思已不相通，又如何能與《易經》的憂患意識相應？尤其在《易經》中偏偏有那麼一個「訟」卦，勸人息訟，正好切斷了律師們的財路。

2. 要強調智慧重於占卜

《周易》原為占卜之書，占卜本身是一種神祕的運用。在占卜上的回答只是告訴求卜的人，如何作才能避凶趨吉。但為什麼如此，卻天機不可洩漏，否則便不神祕。可是孔子的十翼，卻把這些原理寫了出來，這無異替神祕的卦爻辭，開了個天窗，使我們能透視到占卜背後的原因。在分析和了解這些原因之後，不僅可以使我們觸及作者設計這些卦爻辭的智慧，同時也加入了我們的經驗，使我們的經驗得以轉化為智慧。所以《易經》一書的流傳，也就累積了後代學者們解《易》的智慧，就像滾雪球一樣，愈滾愈大，範圍愈廣，而包括後人的經驗智慧也就愈多。當然長江大河夾泥沙而俱下，其中也有不少的渣滓，這就有待於我們如何運用自己的智慧，去釐清、去轉化了。

我們說智慧重於占卜，並非一筆勾銷了占卜的原始面目。在古代，《周易》為王官所掌，當國君有重要的決策去問卜時，掌《易》的史官都是深通天文、地理、人事，有專業知識的學者，所以儘管國君不通易理，而這些學者的解釋自然有相當可靠的學理基礎。可是後來《易經》散入民間，成為個人可以專用的經書後，這時，就像大公司的電腦變成個人的小電腦。因此運用者自己必須有相當的智慧經驗，才能透過《易經》，去得到應變的原則和方法。

我在美國教《易經》時，所有的學生都是人手一冊衛禮賢的《易經》英譯本，有好幾位學生習《易》有五載十年，甚至已用《易經》為人作心理顧問，可是他們都是運用衛禮賢的註解，根本分不清衛氏的話中，那些是卦爻辭的原文，那些是程朱的解釋，那些是衛氏本人的臆測，這樣糊塗的運用，把衛氏的看法當作易理，豈不是崇衛氏為神明，被衛氏牽著鼻子走。同樣，我們如果沒有自己的智慧，不了解那些卦爻辭背後的真正意義，只聽任占卜者的話，這豈不是把自己的命運，交給了比自己的知識還要淺陋的人掌管，又怎能不「自遺其咎」呢！

3.要能涵養德性的正氣

《易經．乾卦》的卦辭：「元、亨、利、貞」四字，許多把《易經》當作卜筮之書的學者，都二分為「元亨」、「利貞」，而解作大祭和利占。這樣只是平面的描述，而無深度。可是在「十翼」的《文言》中，孔子和學生們把這四字，解作「創始」、「亨通」、「利物」、「貞固」的四德，這一轉變的重要性，不在於是否合乎《周易》的原書，而是把德性的生命給予了《易經》，從而構搭起《易經》與人性交通的橋樑。自此以後，學《易》者，可以憑自己的德性修養，去扣開易理的大門，使《易經》和我們產生感應。

《易經》十翼，講天道創生萬物是乾元一氣的流衍。這一氣下貫人身，就是我們的性命。所謂「乾道變化，各正性命」（《乾文言》）。這個「正」字非常重要，是指「正」性、「正」命。而正性正命是來自於乾元的「正」氣。我們必須培養這一正氣，才能與天地感通，與鬼神相應。就占卜的理論來說，初爻是一卦的開始，不宜躁動。但不躁動並非靜寂，相反的，卻是立德用功的重要關頭，因為這一爻之動，就進入現象界，而有陰陽的相對，而有一切的感應。所以真正的研微知幾，就在於這一爻的初動。「研微知幾」好像很玄妙，可是孔子卻說得很簡單：「知幾，其神乎！君子上交不諂，下交不瀆，其知幾乎！」所謂「不諂」、「不瀆」就是內心的誠正，能有此德性修養，便能把握這一爻之動，動無不正了。

在《左傳．魯襄公九年》有一段故事。據說魯國有難，穆姜問卜，占到了隨卦，占卜的史官認為「隨」是出的意思，勸穆姜速離。可是穆姜看到「隨」的卦辭有「元亨利貞」四字，知道自己平日做錯很多事，沒有「元亨利貞」的四德，必不能免難，最後，她還是死於東宮。由此可見無行如穆姜，尚知用《易經》的道德標準來衡量自己，即使占到了吉卦，自己違反了其中有關吉的原則，仍然免不了一凶。所以每一卦一爻在所繫的辭上有吉凶悔吝的不同，可是運用起來，吉凶悔吝卻完全操之在我。所謂操之在我，並非操之在我的才力、知力，而是操之在我的德性。「積善之家必有餘慶」，不僅積善，有福報，可以改變我們的命運，而且真正的修養德性，也是我們份內之事，根本不求回報。所以如果我們能涵養此一乾元的正氣，行所當行，那裡還需去占卜問吉凶，這也就是孔子所說的：「不占而已矣！」

（三）誠和謙是易德的兩把鑰匙

1. 誠是易理的原則

這個「誠」字不見於六十四卦中，可是在卦爻上卻出現很多和「誠」相同意義的「孚」字。古注都把「孚」解作信，或誠信。「孚」字的結構，上方是爪，下方是子，即象徵母雞孵蛋的樣子。為什麼用母雞孵蛋來譬喻誠信？因為蛋內必須受精，表示心中有實。母雞專注的孵，忍耐的等，表示心中誠信之堅。在《易經》中有專門一卦叫作「中孚」，即是討論內心誠信的道理。該卦的六爻都分別提出誠信的特殊意義，如：專心一致，才能有誠（初爻）；昭信於人，誠心求和（二爻）；存心不誠，則別人不信（三爻）；謙虛有誠，信實無私（四爻）；誠能感物，也能化物（五爻）；誠信須切實，不託虛言，不求虛名（六爻）。這已把誠信的意義說得非常具體而清楚。

在《易經》中，有「孚」的地方，固然都可解作誠信，但這並不表示沒有「孚」的地方，就可不講誠信。其實，誠信是整個《易經》的基礎，「不誠無物」（《中庸》），沒有「誠」，又如何能建構卦爻，發揮易理；沒有「誠」，又如何能產生感應，解決疑難。不過這個「誠」字和「孚」字在理境上有點不同。「孚」字只專用於《易經》，著重感應，是昭信的意思。「誠」字是中國哲學上一個極重要的術語，是感應的主體，是人之道，也是天之道。所以我們說：誠是易理的原則，也就是說六十四卦中的每一根爻都離不開誠。

在未畫一卦之先，陰陽未分，本是乾元一氣的流衍，《繫辭傳》上描寫說：「易，無思也，無為也，寂然不動。」（《上傳‧第十章》）無思無為，不是沒有思念、沒有作為，而是在思念作為之前。「不動」並非死寂，而是在未動之時，這一境界就是「誠」的生命主體。接著「感而遂通」，到了一卦之中，我們開始一畫，就有了一爻，無論陰陽，都是相對的。遇到陽爻，我們很容易的了解，那是陽氣的上升，是誠的表現。可是遇到了陰爻，往往以為是陰氣的凝聚，好像欠缺誠的動力。其實陰氣的凝聚，更需要「誠」使它保持內在的活力，以便待時而動。試看坤卦六爻都是陰，在初爻時，「履霜堅冰至」，是凝聚，到了第二爻，便是「直、方、大」的氣勢，豈不正是誠的表現嗎？所以我們強調「陰陽共誠」。

2. 謙是易理的運用

在《易經》中，「乾卦」是寫乾元一氣的創生，而「坤卦」則是此氣凝聚於地中，使乾陽至剛之氣轉化為柔和之氣，而輔助萬物的生長。「乾」所象徵陽氣的性能，是在地面上，成直線的發展，而「坤」所代表陰氣的性能，是在地面下，作曲折性的轉化。就如種子入地時，先是向下的埋藏，等到發育後，又是向上的伸展。這一曲折性，就是整個《易經》應變的關鍵所在。

這種由曲折而轉化的功能，表現在德性上的，就是一個謙字。在《易經》中有專門一卦叫做「謙」的，該卦的六爻說明了謙的特性是：謙卑自牧，力能犯難（初爻）；謙必誠於內，而應於外（二爻）；謙須任勞任怨，埋頭苦幹（三爻）；謙應對上對下，一視同仁（四爻）；謙不自滿，而能服人（五爻）；謙能光被天下，無往不利（六爻）。由這些特性，可以看出謙並不是我們一般口頭上的謙虛，或行動上的退讓，而是有實際的作為，以謙為進，有它積極的功用。謙的特色在《謙卦．彖辭》上描寫得很好：「謙尊而光，卑而不可踰。」即是說謙是有尊嚴的，有光芒的，雖然在言語上自處卑下，但它的表現卓越，不容輕視。

在卦爻的性能上，凡是陰爻都以謙為它的德行及作用。陰爻的進行方向就像坤所代表的地道一樣，是先向下，然後再向上的發展。在陰爻上出現的爻辭，幾乎都是勸人停駐不前的。當陰爻和陽爻相應時，利在婚配，但不是陰爻自動趨就，卻是吸引陽爻來和。即使在某種條件下，陰爻利在可行時，也不是勇往直進，而是不求功成的，一切順其自然。

《易經》最重要的原理是講陰陽的相和。而要達到這個和的境地，必須以謙來折衷協調。老子曾說：「萬物負陰而抱陽，沖氣以為和。」（《第四十二章》）這是說要達到陰陽之和必須靠沖氣的作用，沖氣就是虛氣，在德性上就是謙虛之氣。譬如內卦的三爻都是陽的話，那麼最上面的第三爻，便有陽剛過盛的毛病，因此必須以謙來「和其光」。同樣內卦三爻都是陰的話，那麼最上面的第三爻，便有陰氣太重的毛病，這也是一種虛驕，因此也須以謙來轉化它。再如當兩陽爻，或兩陰爻相遇時，這表示不能正應，將會有麻煩，在這時便須以謙德來互相自制，以造就和諧的氣氛。從這種種的原則來看，易理運用之妙，完全在於一個謙字。

3. 誠和謙的並重

誠和謙雖然是兩個不同的德目，但在《易經》的運用上卻是一體的兩面，不僅相互有關，而且互濟為用。也就是說謙必以誠為本，誠也須以謙為用。

在我初教《易經》時，發現在「元亨利貞」的四德中，「元」、「亨」、「利」三字出現在任何卦爻辭中都是正面的、好的意思。可是只有這個「貞」字，雖然大半都是正面的、好的，如「貞、吉」等，可是有時候，卻有負面的，不好的意思，如「大貞、凶」（屯卦）、「貞、凶」（師、隨、頤、恆、旅、節等卦）「貞、厲」（小畜、履、噬嗑、晉、革、旅等卦），及「貞、吝」（恆、晉、解等卦）。本來「貞」字的古注都作「正固」解釋。為德「正固」何以有凶、有厲、有吝等不好的現象？為了解決這問題，我把「貞」解作固有的性格。而這固有的性格是來自於不同的爻位。如在陽爻上，這個貞便是以陽的特色為性格，即正直、剛強；在德行的修養上，就是誠。如在陰爻上，這個貞便是以陰的特色為性格，即收斂、柔軟；在德行的修養上，就是謙。而「貞」之所以有凶、有厲、有吝，是因為對這種性格的固執，有時會產生反作用，譬如陽剛太強，便成剛愎；陰柔太過，也成虛妄。即使就誠和謙兩德來說，在本質上是絕對至善的，可是在現象界的運用上，誠的表現，有時不能循直線進行，如以真誠之心勸朋友，他未必接納，因此須轉個彎，另外設法去感化他。這也就是《中庸》上講至誠時，卻說：「其次致曲。」同樣謙的表現，也不能一味的退讓，退讓過度，反使人感覺虛偽。因此在謙中必須透出至誠來，把謙化成動人的力量。

所謂「誠」和「謙」的並重，就是強調「誠」和「謙」是一體的兩面，「誠」是整個易理的基礎，也就是說每根爻，無論陽和陰，都立基於「誠」上。而謙是易道的運用，也就是說每根爻，無論陽和陰，都須藉「謙」的作用，表達至誠，以求真正的和諧。在易理上，我們講剛柔相濟，陰陽相和。但在觀念上，又時常有剛柔有別、陰陽對立的現象。因此在運用上，又往往會以柔克剛，以剛制柔，或陰生陽退，陽升陰消的對立轉換，而不能做到真正的相和為用。為此，我們強調「誠」和「謙」，這兩德本身並沒有對立性，所以運用「誠」和「謙」正可以在陰陽、剛柔之間產生溝通、轉化的作用，以達到真正的陰陽相和，剛柔相濟。

（四）易德是《易經》的靈魂

我們強調「誠」和「謙」，但並不是說「誠」、「謙」是《易經》唯一的鑰匙。我們重視易德，但並不是說易德是《易經》的全部。當然《易經》講的是易理，易理必然有它的知性作用。譬如每一卦如何解決問題，每一爻如何處理特殊的關係，這些都需要有非常成熟的知性工夫，如我們的知識、經驗、才能等等。當我們知性的工夫修鍊到最高境界時，就是智慧。

而智慧卻是知和德的合體。這也就是說當知性的工夫向上提昇成智慧時，卻需要德性的修養。最顯明的例子就是《中庸》上講的誠，所謂「誠者，天之道；誠之者，人之道」（《第二十章》），這個「天之道」的「誠」，就是智慧，而「誠之者，擇善而固執之」就是德性的修養。當德性修養達到至誠的境界後，「誠者，非成己而已也，所以成物也。成己，仁也；成物，知也。」（《第二十五章》）也就是說這個「誠」的智慧，不只限於仁人之德，而是具有成物的知性工夫的。所以我們用「誠」和「謙」打開了《易經》的門戶之後，雖然看到的是一套《易經》的德性體系，但這套德性的體系，非但不排斥知性，相反的，卻兼有知性。事實上，就易道或易理來說，知性和德性是一體的，不過這個體卻是德性，至於知性只是融於德性之中。

傳統上講易理，用易術，都只重視乾坤、陰陽、剛柔的一套基本術語。講「乾坤」指的是卦象。在六十四卦中，乾坤是「易之門戶」，也就是總綱。但乾是純陽，坤是純陰。在運用上，乾代表陽，坤代表陰，所以乾坤也就是陽和陰的作用。講「陰陽」指的是氣化現象，後代學者往往以此建立一套《易經》的宇宙論，拿陰陽卦象，去配甲子，配時辰，配節氣，成為一套類似自然科學的象數之學。再進一步，又配五行，配臟腑，配丹鼎，變成一套似醫學又非醫學，似科學又非科學的神仙修鍊之術，這些都走入了神祕的境地，不是一般人可以出入的。至於講「剛柔」是指人物的性能，都用在政治人生方面。有以柔克剛，也有以剛制柔。

在以柔克剛上，用得高明的，如老子的變道，以柔弱的方法，消融剛強。但用得有所偏的，如兵家、縱橫家，以及法術之流，便會走入陰謀權詐之途。在以剛制柔上，最有代表性的是法家思想，如韓非的重法而不重德。以為講德治，太柔軟、太費時，而不見功效。不如嚴刑酷法，使得人們畏懼，不敢為非作歹。治理之功，可立竿見影。但用得太偏的，如高壓政策、連坐之法，便會草菅人命，滅絕人性。然而無論用正用偏，只講剛柔，都是外在的運用，如果沒有德性的修養，《易經》便成為知性的角力場。這樣一來，用《易經》的人等於從事知性的鬥爭，而一般人則只有被利用的命運了。

今天，我們講易德，不只是闡明易理中的許多道德教訓，而是更積極的，在乾坤、陰陽、剛柔之外，再補上一對誠謙的原則，去建立一套《易經》的德性體系，使《易經》的運用不受制於外在的變化，而成為操之在我的力量，使一般人都能以誠和謙的德性修養，把易理運用在自己的生活中。舉個例來說，有位心理學的西方醫師向我學習《易經》，起初我為他講解乾坤、陰陽，和剛柔等性能作用時，他在理智上，很容易接受，而且每次談到乾坤相應、陰陽相和、剛柔相濟時，他便很興奮，因為這和西方思想的路子截然不同，他覺得很新奇，很有價值。然而這僅止於觀念上的分析和了解，一碰到生活上的運用，他便不知什麼是陰陽剛柔，該如何去相和相濟了。譬如陰陽相和，用在家庭中，就是夫婦的相合。他知道夫婦應該相合，但卻不知道如何去相合。儘管他作別人的心理顧問，而他自己，卻把我告訴他的四樂之一「洞房花燭夜」改成「法院離婚時」。後來我改進教法，在每一爻的運用時，都特別用誠和謙的德性來說明。雖然西方的「誠」(sincerity)、「謙」(humility)和中國哲學上的誠、謙有相當的距離，但在道德修養上，只有深淺的差別，而無本質的不同。所以他很快便進入情況，把「誠」、「謙」透過了易理，運用在他自己和病人身上。

我們重視易德體系的建立，一方面，是返本還源，回到孔子讀《易》述《易》的精神，做到「無大過而已矣」。甚至回到《易經》的原始面目，即使是占卜之書，但在卦爻辭中，也一再強調「復自道」、「食舊德」，都在在顯露了德性修養在《易經》中的重要。另一方面，也是開物成務，為了真正把握《易經》「易簡」的原則，所謂「易則易知，簡則易從」，把《易經》從神祕的、複雜的、詭奇的、迷信的煙霧中，超拔出來，成為人人可懂、人人能行的生活指導，用易德的實踐去建立一個和平安樂的社會。所以我們強調易德是《易經》的靈魂。

（五）不問鬼神問蒼生

在中國歷史上，漢文帝算得上是清明的君主了，可是當他慕名而召見年輕的學者賈誼時，所問的不是天下的大憂大患，而是鬼神禍福之事，以致於贏得李商隱寫詩批評說：「宣室求賢訪逐客，賈生才調更無倫；可憐夜半虛前席，不問蒼生問鬼神。」留為天下笑柄。

今天，在一片《易經》熱中，我們提出易德的重要性，也是期望對《易經》有興趣的人士，不要把《易經》看作鬼神簿，自欺而欺人。《易經》是一面鏡子，反照的是我們自己。《中庸》上說：「誠則明矣！明則誠矣！」（《第二十一章》）我們如能立誠用謙，自然前途一片光明。

今天，我們把李商隱的詩句倒過來，不問鬼神問蒼生。如果我們心中無鬼，念念為蒼生。那麼蒼生的安樂，就是我們誠信的保證。又何需去占卦問卜，擔心休咎禍福，因為整部《易經》早已為我們所用了。

最後，我歸結全文為兩句話：

易道是坦蕩蕩的理，
易德是坦蕩蕩的行。

§

三、佛學裡的中國哲學和文學

——細說《證道歌》「絕學無為閒道人」

這個大標題很大，可以大做文章，大談中國哲學如何把印度佛學轉變成中國佛學，以及佛學如何與中國文學產生密切的關係等，足足可以寫成兩篇博士論文，然而這些都是圍繞在外面的知識文字，而不是中國佛學、哲學，和文學的精神。

中國的佛學不是名相之談，中國的哲學不是觀念的分析，中國的文學不是修辭之學，它們的精神，重「修證」，主「人道」，講「性情」，約歸來說，都是一套心性修養的工夫。今天，我在這個標題上所講的就是這套工夫。

最近我接了一門課，教永嘉玄覺的《證道歌》。永嘉玄覺是六祖慧能的弟子，只在慧能處住了一晚，問道而悟，世人稱他為「一宿覺」。他流傳的這篇《證道歌》是中國禪學裡的上乘之作，它把佛學、哲學、文學融為一爐。義理之精，見解之深，足可和《六祖壇經》相比，而文字之美，尤在其次。以前我曾讀過這篇文字不知多少遍，都是注意它所論佛理的高妙。可是這一次準備教課時，讀到第一句「君不見，絕學無為閒道人」，便被這句話所攝住。以前，我讀過這句話，都把它當作普通的陳述，描寫一個不需學習、無為自然、閒散的修道之人而已。所以我把注意力都集中在下面幾句話：

不除妄想不求真，無明實性即佛性，幻化空身即法身。
法身覺了無一物，本元自性天真佛。

由於這幾句話意境很高，於是我便用了很多禪學的理論來解釋這幾句話，完全走入了知解之路，我是用「腦」去思考，而不是用「心」去體證。可是這一次，我被這句話攝住後，我的思路便停在這句話上，而不急著往下走。今天，我在這個標題上要講的，就是我對「絕學無為閒道人」這句話的一點心路歷程。

在中國哲學和文學裡，講陰陽、剛柔，或虛實。「絕學無為閒道人」這句話，表面上是虛的，所謂「絕」、「無」，和「閒」都是虛的寫法。然而「虛」中有「實」，如果我們不能從

「虛」中看「實」，輕易放過，就會錯失了「精神」，冉往下走，便毫無氣力。這在中國哲學和文學的作品中例子很多。譬如《論語》的首章：「學而時習之，不亦悅乎！有朋自遠方來，不亦樂乎！人不知而不慍，不亦君子乎！」這三句話比起《論語》中其他論仁、談孝、講禮，和強調正名的地方，顯然平淡多了，但卻是全書的血脈。卻是孔子精神的所在。這三句話隨便放過，我們讀《論語》，便只讀到孔子的理論，而讀不出貫串全書的孔子的人格，和孔子活潑的思想。再就《莊子》一書來說，首篇《逍遙遊》的第一段話，便是描寫「北冥有魚」，這條魚突變為鵬，展翼而飛，直上九霄的寓言。如果我們只把它看成一個怪誕不經的故事，或只欣賞莊子奇妙的想像力，而不能細細咀嚼文中的深意，體驗到魚變為鵬的修養工夫，以及感觸到大鵬一飛沖天的力道，我們便追不上莊子，和莊子同遊於逍遙之境。

另外再舉一個例子，譬如《心經》，它雖不是中國的哲學和文學，但它翻成了簡潔的中文，為中國人所喜愛，而深深的影響了中國的哲學和文學。《心經》的第一句話是「觀自在菩薩」。「觀自在」就是「觀世音」的另一個名號。在此處玄奘大師不翻作「觀世音」，而譯成「觀自在」，就是旋乾轉坤的手法。「觀世音」的意思是這位菩薩的耳感非常靈敏，專聽眾生疾苦之聲，而去救助他們。難怪這位菩薩到了中國之後，便由男身變為女相，因為女性的耳感比較靈，心也比較軟。所以「觀世音」三字就代表了慈悲救世的意思。可是《心經》全文，不談救世，而重自證，譯成「觀自在」，是反觀體證自性的存在。由「自在」，才能「行深波若波羅蜜」，才能「照見五蘊皆空」。所以「觀自在」乃是全文的血脈。否則觀世音菩薩一出現，她一定慈悲心切，耳根太軟，不等眾生照見五蘊皆空之前，便先去搶救眾生了。我們常說「觀世音」菩薩有千手，可以伸援手給受難的人，但世上痛苦的人何止千萬，就是億萬隻手也不夠。現在「觀自在」菩薩非但沒有千手之相，甚至連「觀世音」菩薩的一相都沒有。「觀自在」也即每個人的觀「自在」。當我們觀照了自己的「自在」之後，我們體證色相之空，而不流於空。我們的「手」，也是「觀世音」的手，可以直接去幫助別人。由此可見在《心經》中，這一句「觀自在」又是多麼的重要，它把忙於外務的觀世音，變為每個人心中的觀自在，它使《心經》由虛變實，它使我們的心由五蘊皆空之後，而變得實實在在、圓圓滿滿的。

從以上的例子，可見研讀中國的哲學和文學，不能放過某些關鍵的句子，因為它們正是全文血脈的所在。現在就讓我們回到「絕學無為閒道人」一句，來看看永嘉大師為什麼一開頭就寫出那樣一句神來之筆。我們說它神來，一點也不假。在這一千八百多字的長詩中，都是在講佛理，可是這第一句卻百分之百的道家思想，沒有一個字不是道家的術語，這是否永嘉大師有意的安排？我們的回答是肯定的。禪宗是中國的佛學，道家是中國的思想，作者用這句話為開端，充分表明了他這套思想的特色，是佛學中國化的。同時，這句話以「道人」

為主角，貫串了全文，這表明了全文所談，不是玄妙的哲理，而是一個修道之人的工夫和境界。我們順著這一線索走，便會感觸到這條活生生的脈搏，這也就是我之所以在一開始時就強調這句話的重要性。

這句話有三個要點：即「絕學」、「無為」和「閒」字。

「絕學」兩字來自於老子的「絕學無憂」，是指超脫了作為名利工具或是非爭辯的知識之學。在佛學上也有「無學」兩字，與「絕學」的意義和作用並不相同。「無學」是指修到小乘阿羅漢，和大乘妙覺的境界之後，不需要再學了。所以「無學」兩字只是一種境界的描寫，它本身並沒有特殊的作用。可是「絕學」卻不一樣，它是隨著我們心性向上不斷提昇過程中，不斷的受知識的衝擊，而又不斷對知識的超越。所以「絕學」是一種動力，而不是結果。長沙禪師有一首詩：

百尺竿頭不動人，雖然得入未為真；
百尺竿頭須進步，十方世界是全身。

百尺竿頭是為學；須進步，就是絕學。這一步跨出了有限知識的門檻，跨過了虛妄知識的障壁，而走入了「十方世界」與「我」相融的境界。

莊子也有一句話，說得很精彩，即「道隱於小成」。「隱」是掩蓋，「小成」是小有成就。如果我們學有小成，自以為有得，自以為了不起，便會阻礙了進一步求道的路子。所以這句話是要我們放棄執著現有的成就，而向無限的境界開放。舉幾個例子來說吧：

記得在二十八年前，有一次我在先師張起鈞教授家用餐，正巧有一位年輕、而已有名氣的女作家來訪，張老師便獨自到客廳去會客，我聽張老師以父執的口吻勸她不要寫得太多，因為她當時的經驗只限於一個層面，所寫出來的作品也只在一個層面上。必須等經驗有新的提昇，作品才有新的突破。張老師並以他自己在大陸時任報刊主筆為例，每天一篇千字的專欄，一揮而就，不可謂不是小成。可是一年後，他發現寫什麼樣的文章都套在這個千字文的模式上，而寫不出五千字以上的文字。於是他自覺這個缺陷，便停筆了一年，然後才能寫出大文章。這話深深影響了我，因為當時，我在《中央副刊》發表了許多千字左右的哲學散文，集為《人與路》、《人與橋》二書，自以為替人類修橋鋪路，野心得很。自從聽了張老師這番話後，我也「絕」寫了好一段時期，然後和張老師合著了較大的《中國哲學史話》一書。

另一個例子是最近在我的老莊課中，有一位相當傑出的新生。他精通德文和西洋哲學，對於西藏密宗，和大乘佛學也有相當研究。可是聽我的老子課，卻始終格格不入。他批評我講的老子很怪，他認為老子思想是神祕的，而我卻把老子說得那麼現代化；老子的理論是反道德的，而我卻說老子的主旨是發揚道德的真正意義。雖然經過了我耐心的解說，他始終聽不進去，還拿了許多西方學者主張老子反道德的文字來證明。後來我發現他在西洋哲學方面的成就，擋住了他接受中國哲學精神的路子。因為西方哲學是直線的思維方式，而中國哲學卻是曲線的，尤其老子的思想。於是我便一再的提醒他，老子講「虛其心」，就是要我們先把自己原有的思想觀念「虛」掉，然後才能接受新的看法。

在這裡，我想起了趙州禪師的一個故事。某次，有位客人拜訪趙州，他不好意思的說：「我空手而來。」趙州便說：「既然如此，那麼，你就放下吧！」那人更不好意思的說：「我沒有帶東西，怎麼能放下來？」趙州接著說：「那麼，你就帶著吧！」這是一個公案，真正的用意必須去參。在這裡，我只強調「放下吧」、「帶著吧」兩句話。對我們已有的知識、已有的成就，要放得下，這才是「絕學」。可是放得下，並不是什麼都不學了，又要能帶得著。譬如《金剛經》所譬喻渡河的筏，等我們渡到了彼岸，便不再需要筏了。但這只是對知識和成就來說，對於智慧，對於道，卻仍然要隨身帶。「絕學」之後，才有真知，才有正道。

接著，再說「無為」兩字。一提到「無為」，大家都知道它是老子思想的招牌。可是很多人喜歡老子，是因為誤解老子的「無為」是什麼事都不做，多麼輕鬆。輕鬆是事實，但卻不是什麼事都不做。《老子》書中常說「為無為」，和「無為而無不為」。從第一句可知「無為」也是一種「為」。這是有智慧的人能夠把握問題的關鍵，在問題尚沒有變大之前，就先解決了。所以「為」得非常簡單，非常輕鬆。第二句指「無為」是無私心，無欲念，無目的的。所以「無為」比「有為」更有效，能產生更廣、更深、更長遠的作用。這是老子「無為」的簡單意義。

永嘉大師把「無為」用在此處，乃是指無為自然、不著形相的意思。他說：「一切有為法不同。」即指有為法與無為法不同。有為法是住相佈施，心有所求。譬如自己為了得到福報，才去佈施，才去唸佛。這是有所為而為，是不夠究竟的。所以永嘉大師接著說：「住相佈施生天福，猶如仰箭射虛空。勢力盡，箭還墜，招得來生不如意。」這是批評住相佈施，是住於「我相」。我相不除，這個「我執」就永遠跟著我們走，使我們不能得到真正的解脫。《金剛經》的中心思想就是要我們破我相，除我執，可是多少人唸《金剛經》就是為了求自己的福報。來生的福報太遠，最好是今生的；精神的福報太抽象，最好是手拿得著的。《金剛經》的英文翻譯是《鑽石經》，有位不懂佛學的美國朋友問我，《鑽石經》裡面是否有很多鑽石，我說一顆也沒有，倒是《阿彌陀經》裡的極樂世界有金銀、瑪瑙、琉璃，取之不盡。他說，他要唸《阿彌陀經》。

不過話又說回來，《金剛經》和《證道歌》所標榜的不要住相佈施是否陳言太高，一般人做不到呢？因為一般人信佛為了自己的福報，這也是無可厚非的。但為了「自己」，這是有所為而為，在最初的階段，這種力量很強，就像永嘉大師所譬喻的射箭人天空一樣，開始很強，逐漸轉弱，而致墜落。因此為了不使它墜落，在學佛過程中，便應該多為點別人，少想點自己，逐漸走入了正途，便會很自然的沖淡了我相我執。這就是老子所謂的：「為道日損，損之又損，以至於無為。」所以永嘉大師的「無為」並非陳義太高，而是學佛的自然歸趨。

最後，再談談這個「閒」字。前面「絕學」和「無為」兩詞是純粹屬於中國哲學的，而這個「閒」字卻是屬於中國文學的。對於這個「閒」字，我們是又愛又恨。在緊張的生活中，忙裡偷閒，是我們的最愛。可是真正等到了「閒」時，又「閒」得寂寞，揮之惟恐不去。最可笑的是現代人，整天忙得喘不過氣來，好不容易休閒，卻還要搞什麼休閒「活動」，還是不肯閒下來。

永嘉大師強調這個「閒」字，不是指時間上的閒，而是指心境上的閒。詩人李涉有一首題鶴林寺的詩：

終日昏昏醉夢間，忽聞春盡強登山；

因過竹林逢僧話，偷得浮生半日閒。

詩中描寫遇見了高僧，暢談之下，悟到了不少禪機，所以心境開寬，舒暢閒適。後來他真的偷得浮生半日閒，去登山郊遊，可是卻碰到並不高明的僧徒，話不投機，回來後，一氣之下，便把前詩顛倒了兩句而為：

偷得浮生半日閒，忽聞春盡強登山；
因過竹林逢僧話，終日昏昏醉夢間。

這首詩中，雖有時間的「閒」，卻沒有心境的「閒」。

要培養這種心境上的「閒」，是需要一套修養的工夫。宋儒程明道有首詩說：

閒來無事不從容，睡覺東窗日已紅；
萬物靜觀皆自得，四時佳興與人同。
道通天地有形外，思入風雲變態中，

富貴不淫貧賤樂，男兒到此是豪雄。

這首詩一開端就是「閒」字。能「閒」，才能靜觀萬物，才能思入風雲，也才能處富貴行乎富貴，在貧賤而不忘其樂。這是代表儒家處「閒」的工夫。

再看禪宗的「閒」字，《無門關》作者無門和尚有詩說：

春有百花秋有月，冬有涼風夏有雪；
若無閒事掛心頭，便是人間好時節。

「閒」就是心中沒有閒事。心中一有了閒事，即使你有時間上的閒，也沒有心境上的閒。這個「閒事」在佛家來說，就是法執。本來，「法」是幫我們能「閒」，可是一成為執著，反而變成了束縛。有一個禪宗的故事：

有一夜，馬祖道一，和他的三個徒弟，南泉普願、西堂智藏、百丈懷海在一起閒談，看外面月色正好，馬祖便問如此良宵，應該做什麼？西堂智藏回答：「正好供養。」百丈懷海回答：「正好修行。」只有南泉普願一語不發，拂袖而去。馬祖便說：「經入藏（智藏），禪歸海（懷海），唯有普願獨超然物外。」智藏的讀經並不錯，懷海的坐禪也很好。但在此刻，明月當頭，一片寂靜的美妙境界中，應該把心閒下來，與萬化相融。所以馬祖還是多讚美南泉一點，說他能超然物外，也就是超然法外。在《六祖壇經》中，慧能曾批評，如果只會唸經，而心中不相應，便會被經所轉；如果只知坐禪，而心無所悟，便會流於枯禪死空。所以首先有超然物外之心，悟本來無一物，然後再唸經、坐禪，便不會有法執。這個「閒」字之所以為永嘉大師所重視，就是因為它有消散法執的功能。

最後，總括「絕學無為閒道人」一語，「絕學」是破知障，「無為」是破我相，「閒」是破法執。知障、我相和法執，是佛家修證上的三個大關，而永嘉大師的這句話融合了中國哲學的功力，和中國文學的巧妙，一矢破了三關，凸顯了中國佛學的一大特色——是一套「一超直入如來地」的心性修養工夫。（按本文取材自作者在舊金山大覺蓮社的演講稿）

§

參、附錄——我的經驗

一、為中國哲學呼喚！

——北大「中國哲學會議」記感

這次從八月十日到十二日的會議，本是美國的中國哲學協會所舉辦的，因為在北京召開，所以由北京大學、清華大學、南開大學、人民大學協辦。可是負責整個會程的，都是北大外事處的人員，而且北大校長兩次蒞會致歡迎詞，所以實際上，等於是北大舉辦的。

會議的總標題是：「中國哲學的現代的意義和未來的展望」。雖然與會的學者們可以就自己的興趣另擬題目，但我覺得這個大標題很好。尤其在中國，近年來盛行的學術討論會，都是專門性的題目，很少對中國哲學本身的任務，有這樣開放、使人反思，和遠瞻的意義。所以我就以這個大標題，足足花了兩個月的時間，寫了一萬五千餘字的論文。我這篇文字較富感性，是「衝」著中國哲學在大陸的受屈而發的。本來中國大陸才是中國哲學的大本營，但自中共批孔以來，無情的摧毀，使中國的土地上沒有中國哲學，怎不令人心酸！令人悲憤！

除了中國哲學在大陸的受屈外，在自由世界，還有一股學風，也許是無意的，但卻癱瘓了中國哲學生命的活力。那就是近幾十年來，用中國哲學去附會西方哲學，架空了中國哲學的內容，使中國哲學也變成了概念的遊戲。在形而上方面談得頭頭是道，可是一落實用，卻是軟弱無力。為了避免這種毛病，我的論文首先強調中國哲學是一套生命整體之學。是「生」（天道的生生）、「理」（人性本善的理論），和「用」（禮樂教化的實踐）三方面相輔相成，不斷提昇，不斷發展的。接著，就今天教育、家庭，和社會上的病徵，提出所謂「三道」和「二路」的實行方向和方法。所謂「三道」是指教育上的重師道、家庭裡的重孝道、社會中的重君子之道。所謂「二路」是指中國哲學和心理學結合之路，及中國哲學主動的走入文學領域之路。

在我走出北京機場，坐車到指定旅館的路上，便證實了我在論文中強調師道的重要。因為我第一句話便問司機中學教員的月薪多少，他的答覆是人民幣三百元左右。我再問他一個受僱的計程車司機每天淨賺多少，他說至少五十元以上，相當中學教員的五倍。我聽了，心中不由泛起一陣寒意。後來我發現大學教授月薪也不過四、五百元，也好不了多少。

有一次在北大校園和幾位當地的教授散步，我問他們寫作的情形，其中一位說：寫了也不能出版，因為學術性的著作沒有銷路，即使書局肯出版，最多也只是給三、四百元而已。

另外一位教授對著我說：「你說中國哲學被遺棄，其實，我們這些研究中國哲學的人才真的被遺棄呢！」這時，突然有一位教授插進來說：「被遺棄倒也不錯呢！你們記得嗎？曾經有一度要把我們這些中國哲學的教授集中在一個地方，這算什麼？」算什麼，那不是中國哲學的集中營嗎？我心裡想，又為大陸的中國哲學教授們，泛起了一陣淒苦。

這次會議的日程有點亂，我在開會前夕的半夜才拿到時間表，卻發現我的論文居然排在第一天第一場的英文組。我當時內心真有一把火。我的論文明明是用中文寫的，而且在事前寄給北大的論文大綱也是用中文寫的，怎麼可能有這種錯誤？尤其只錯了我一人。到了中國首都，不學京片，還要說夷語，豈非笑話？所以我極力向一位負責會議的北大教授爭取更換日程。理由很簡單，如果和西方學者討論，我在美國有的是機會。此行的目的，就是為了要和大陸的學者一齊打打氣，只有臺灣和大陸研究中國哲學的學者，才會對中國哲學的存亡有一種生死與共和使命感。

當晚回到旅社，我和同房的莊教授談起這次的誤排可能是他們故意的，這也許是我的多心，但也並非無由。因為九年前夏威夷舉辦的東西哲學會議上，我曾反對中國哲學和馬克思主義的聯姻。在六年前濟南第一屆國際周易會議的閉幕式上，我又抑不住衝動，大談「心」而貶「物」，說天安門前很冷，不如孔子的故鄉人情溫暖。

也許我這些有感而發的話，都變成不良的記錄，使我這次被排在英文組，與眾隔離。難怪有位在濟南周易會議上曾碰面的學者對我說：「這次又要聽聽你的驚人之語了。」不過最後，我還是爭取到中文組發表，只是大會沒有宣佈，日程表上沒有更改，我好像從天而降似的。

這次研討會，由於同一時間有三組中文，和一組英文，所以我無法同時參加所有各組。只能就自己所參加的各組，歸納為三個「理」字來報告：即「哲理」、「管理」，和「倫理」。

先就哲理方面來說，我曾參加一次英文組的討論，發現西方學者和很多臺灣的學者一樣，都有一個共同的特色，就是「純」談哲理。譬如討論到「禮」字，他們都直接從《論語》或其他經典中徵引，來說明「禮」的精神。可是大陸學者一談到「禮」字，便立刻把它放在歷史的位置上，也就是「禮」的制度上，使禮「披」上了封建的枷鎖，成為批判的對象。不過這次討論會有一個很好的現象，就是大多數的論文已從歷史的批判走入純哲理的研究。譬如談到道家，他們也強調道家積極的一面，欣賞道家自然思想和今天生態學的相呼應。關於歷史的研究和哲理的研究之間，在某次的會場上，曾有熱烈的辯論。

這是一位北大學者所提的「照著講」和「接著講」。顯然，前者是歷史的研究，重考證；後者是哲理的研究，重前瞻。當時我便提出看法，認為哲學史的研究應該是照著講的，可是大陸上的儒學史研究卻是照著另一個模式來講的。譬如把董仲舒的「獨尊儒學」，當作儒學成為統治者的工具來批判。事實上，孔子的周遊列國，本是為了得君行道，這有什麼錯？自董仲舒推崇儒學之後，儒學復興，成為中國哲學的主流，奠下了中國文化穩定發展的基礎，更是功不可沒。於是我又順著另一位臺灣教授討論「中體西用」、「中體中用」、「西體中用」等名詞而說：談到「用」，我更杜撰兩個新詞：一是「中體上用」。「中體」是中國哲學為體，「上用」是為上位的人所用。中國傳統文化本是如此，這也是照著講的。因為在上位的人如能了解中國哲學的重要，加以推廣，要比學者們拚命的呼籲，還要來得快而有效。另一新詞是「中體下用」，也就是使中國哲學向下落實，使中國哲學走入社會，影響大眾。這該是「接著講」，是中國哲學未來努力發展的方向。

把儒學和目前最時髦的工商管理學拉在一起，應該是「接著講」的。而且大家都講得很開心、很熱烈，好像個個都是專家似的。本來我們只有一組三篇論文是有關儒學與亞洲四小龍的問題，當然討論的熱烈，不在話下。到了第二天的某一組，本是純談哲理的問題，可是有位學者居然臨場把論文題目一改，而大談管理學，還引經據典的作結說：儒學根本是一門管理學。

由於我對這門學問興趣缺缺，所以會中一直三緘其口，但我心中卻有太多的疑問。亞洲四小龍在經濟方面的成就是否真與他們的儒學傳統有關呢?既稱傳統,為什麼二、三十年前,他們卻起不來呢?而且他們現在有錢了,是否仍然繼續實踐儒學的傳統呢?今天很多人一提到儒學與管理學,往往以日本為例。但日本的那些工商老闆是真正懂得儒學,實踐儒學嗎?我卻大大的懷疑。內人在一家美國的日本銀行工作了十幾年,說日本人經營的機構像大家庭嗎?有點像,因為老闆就像父親一樣權威,要求員工忠誠、聽話。說不輕易裁員嗎?未必見得,如果該機構發展得很好,當然不裁,否則照樣一批批的裁。他們的老闆要求完美,爭取第一,這是他們打贏西方生產管理的主要原因。可是他們鼓勵員工拚命的工作,稍有錯誤便大聲的吼叫,並不比西方人士懂得仁厚。這是美國的日本機構。

我沒有去過日本,不知道他們員工的實際情形,但從報導中看到他們的員工為工作而賣命,很多中級主管因工作而暴斃。他們的退休制度不見得好,社會福利制度不見得佳,很多老年人跑到廟中去祈禱,希望神佛早點賜給他們無病的安樂死(有報為據),這難道是儒學所理想的社會嗎?把亞洲四小龍的崛起歸功於以儒家思想為背景的社會,這在儒學被遺棄的今天來說,未嘗不是一劑興奮藥。而且也可藉此宣揚一下儒學,希望那些工商老闆不要把人當機器。但如果猛吃興奮劑,便會自我麻醉,就像大陸上的《易經》熱,把《易經》當作發財經。這樣下去,儒學變成了管理學,善於經營的子貢恐怕要篡了孔子的位。

最後談到「倫理」的問題。這才真正觸及了中國哲學的重心。在某組的三篇有關儒家倫理道德的論文中，說好的方面，他們已注意到儒家倫理道德的重要性，認為除了標榜「雷鋒」（一個沒有學識，而只會替人民服務的人）精神外，還需有一套深度的倫理規範。說不足的方面，他們一提到儒家倫理道德總和封建制度混淆不清。這是他們始終脫離不了某一模式的「照著講」。

至於「接著講」，他們總是避開了用儒家倫理道德去針砭今日大陸的許多問題，以挽救業已完全墮落的人心。也就是說他們不願正面去觸及很多政治上的敏感的話題。我在論文中曾說：現代化的毛病是「精神空虛」、「道德低落」。可是今日大陸，還沒有走上現代化，而精神空虛、道德低落的毛病，卻比許多現代化國家還要嚴重。我說這話有兩個理由：一是中國大陸過去都是以馬克思主義的唯物思想填滿了人民的腦子，可是近年來馬克思主義解體，使人民的腦中沒有了信仰；可是唯物思想的餘毒猶存，在沒有信仰的節制下，變本加厲，越發不可收拾，所以一股腦兒的賺錢，不顧「禮義廉恥」。

第二個理由是根據另一次會場中某大陸教授的發言，他說他曾負責編撰中國哲學教材。以前的教材都是講馬克思主義，都是以政治為唯一的內容。現在他才覺悟，他準備大膽的把中國的人生哲學，和倫理道德編入其中。當時，我即熱烈的為他捧場而說：「好極了！請快一點編，否則人心墮落太快、太深，編得再好，恐怕也無濟於事。」我本想向他要一份論文，那知他只有手寫稿，而沒有印好的論文分發給大家。在這次的會議中，有三分之一的大陸學者沒有印好的論文，起初我還怪他們過份草率，不懂國際學術會議的規則。後來我轉而一想，是他們另有心結。因為念念手寫稿，不留任何證據，否則形諸文字，難保不會秋後算帳。若果真是如此，那麼他所謂重編中國哲學教材，可能還要經過一番鬥爭，輸贏生死，還在未知之數呢！在此我為他揑汗，為他祝福。

這篇文字，率情而寫，口無遮攔，希望不致使大陸上的某些學者遭受到困擾和麻煩。我是誠心誠意的為海外的與中國大陸的研究中國哲學的學者而默禱，希望大家都能心連心，手握手，為中國哲學的生存、發展而奮鬥。

§

二、從一位歌星的出家談孔子與易經

這個題目有點不倫不類，兩件事真是風馬牛不相及，可是在《易經》的課堂中，為了告訴學生如何捉「象」，我卻把它們連了起來。

這位歌星的出家在《易經》上是個普通的「象」。任何已發生的事情都是「象」，但每個「象」背後都有「因」，而「每」個「因」背後都有很微妙的「理」。這個微妙的「理」，在《易經》上又稱為「幾」。當我心血來潮，由「象」觸到了「幾」時，便想到了孔子的讀《易》，便想到了《易經》乾卦的人生歷程。

我沒有聽歌的習慣，與演藝圈的人士沒有任何淵源。唯一例外的是和王生善教授在萬佛城有過兩年的患難之交。所以萬佛城是個「緣」，這位歌星在萬佛城出家，無獨有偶的，半年前，萬佛城也有一位曾為藝人的尼姑還了俗。本來，一個人的出家或還俗，都是他們自己的人生選擇，除了父母，其他的人「干卿底事」，都是不容插嘴的。但在這裡，我卻由這個「緣」，而看到了「象」。我之所以因這個「象」，而試著去探求這個「幾」，乃是因為她們的轉變，使我想起了《易經》中所謂的「位」和「時」。就「位」來說，一個是縱橫歌壇十七年，出入常伴名和利；一個是青燈木魚敲了十五年，心事已然如止水。但她們都在坐「三十」，望「四十」的「時」上（恕我不便猜測女士的年齡），作了一生的大轉變，一個出家，一個還俗，截然不同，相映成「象」。今天觸動了我寫這篇文字，而把歌星和孔子拉在一起的，不是她們的故事，而是這個「四十」的大關，這是一個「位」和「時」交錯，轉化而成的「幾」。

我之所以對這個「四十」特別敏感，乃是由於我自己在這一關上，也有一個極大的轉變。在我來說，比出家或還俗更要大得多，那就是突然在我望「四十」之年，跑到美國來奮鬥。那時候，我在中國文化大學任哲學研究所主任，就學術的前途來說，情勢看好，本來可以順著走。可是就有那麼一個機「緣」，外在的衝擊和內心的不甘寂寞，逼著我作了這一轉變。當時文化大學董事長曉峰先生起初贊成，可是半個月後，卻突然大轉變，激烈的反對，不是反對我出國，而是反對我所去的地方。他老人家甚至動了氣，我硬要走，他硬是不放人。當時，和我關係最深的張起鈞老師也跑到我家中，一臉嚴肅的說：「去美國吃苦，你一人去，全家不能跟著去，這樣才有退路。」想起來，他們的反對和顧慮也是不無理由的，因為當時我全家六口，四個孩子，最大的十二歲，最小的四歲。我的英文只有高中聯考的程度。全部家當，只能供來回的飛機票。而我們全家卻要到一個以廟址為校園，薪水只能提供素食的地方去教書，豈不是真的像「出國如出家」（陳之藩語）一樣嗎？後來在該校兩年中，曉峰先生還是很關心我，一再寫信要我「不如歸去」，並提供全家的飛機票。起鈞老師甚至親自來美國，一邊看看我的生活，一邊勸我「回國如回家」。但當時我正在「四十」大關上，很難甘心回頭，而且還和起鈞老師說了句豪語：「我會回去(return)，但決不撤退(withdraw)。」兩年半後，我離開了該校，到另一家研究所教中國哲學，同時開始撰寫幾本英文著作，這樣，總算扭轉了起鈞老師的看法，反而勸我在美國多奮鬥幾年。我說這段自己的經歷，就是為了證明這種轉變的不容易。唯其不容易，才是大轉變。而這個轉變，又往往出現在「四十」的大關上。

為什麼我特別強調這個「四十」？因為我有很多朋友和學生在四十歲左右時，都對他們以前的所作不滿或懷疑，而要尋求突破或轉變。譬如這學期我的易經課堂中，美國學生暫且不說，因為他們都在三十與四十之間，而且他們經常愛變。就拿中國學生來說，其中有三位，兩位早已經拿到醫學博士，在美國行醫有年，有名望，生活也不錯，可是又轉過頭來，念中國哲學，從碩士讀起。另一位已經創辦了房地產公司，以前還是哥倫比亞大學政治博士的候選人，卻幡然而悟，要來修佛學博士。我也時常遇到臺灣來的朋友和學生，有一位已是頗為學生推崇的哲學教授，突然又要轉行研究藝術。總之，他們都在面臨「四十」大關時，內心的呼喚，要想有所突破，有所轉變。

這種情形，在心理學上也許有特別的解釋。但在這裡，我卻想到了《易經》的六根爻象。就以乾卦的六爻來說，初爻相當於我們的求學階段，大約在二十歲左右，爻辭所謂「潛龍勿用」，就是說在這段期間，應該努力學習，心不旁騖。第二爻相當於學業告一段落，大約在三十歲左右，爻辭所謂：「見龍在田，利見大人。」這條龍已出現在土地上，這象徵我們已到了社會上，這時，必須遇到明主，或適合的工作，才能前途光明。第三爻正是由內卦（下面三爻）向外卦（上面三爻）轉換的時期，大約在四十歲左右。這段時期，事業已有了基礎，也贏得了一些名和利，但充沛的陽氣卻把我們帶到內卦之頂，而逼著要向外轉變。這時容易自大自負，可是陰陽不調，德性的修養不夠，內心又易陷於空虛。爻辭所謂：「君子終日乾乾，夕惕若厲。」本爻處於兩個乾卦之間，陽剛過盛。「若厲」就是面對這個轉變的鴻溝，危難重重，所以要隨時警惕。特別在晚間，就是指要有點柔和之氣。到了第四爻，已經轉到了外卦，大約在五十歲左右，已經完全步入了中年之後，只有勇往直前，而不能再回頭，真個是走上了「不歸路」，如胡適的《自述詩》：「做了過河卒子，只有拚命到底。」爻辭上所謂為「或躍在淵」，就是從淵中躍出，只有向上直飛，義無反顧，接著到了第五爻，大約在六十歲左右，事業已發展到高峰，爻辭所謂：「飛龍在天，利見大人。」這時候生命之力已化為成熟的智慧。「利見大人」就是不要只為了自己，而要把生命化為光與熱，去澤被群生。最後第六爻，是在七十歲以上，到了生命的頂峰，陽剛至極物極必返，爻辭所謂「亢龍有悔」，就是勸人不要一味頑固到底，要能返歸平淡。

從這條人生發展的歷程中，我突然又想起了孔子自述生平的一段話：

> 吾十有五而志於學，三十而立，四十而不惑，五十而知天命，六十而耳順，七十而從心所欲，不踰矩。

以前讀過，和教過這段話不知多少遍，可是這一次才突然使我把它和《易經》乾卦的六爻連在一起，正好形成一個極為顯明的對照，為孔子的讀《易》又添了一旁證。

孔子的「十有五而志於學」，正是乾卦初爻的「潛龍勿用」。「三十而立」是有所卓立，也就是立於禮，正是第二爻的「見龍在田，利見大人」。這時候，他崇拜周公的制禮作樂，所謂「利見大人」，對孔子來說無非是希望遇到明君的賞識，以發展他的抱負。「四十而不惑」是孔子在齊國不得志，而返回魯國。他堅持理念，不願妥協，他自信在禮上已把握得住，而不會迷惑。但這時候，有一件大事，就是他到周室去問禮於老聃（胡適考證是在他三十四到四十一歲之間），那料卻被老子挖苦他只懂外在的禮制，而沒有內心的體驗和修養，這一棒喝使他在思想上產生了一大轉變。

所以到了「五十而知天命」，儘管在政治上，他做到了魯司寇，可是他並不以此為足，而在精神上開闢了另一天地，就是在這時期，他對《易經》產生了興趣，而體悟到「或躍在淵」的精神向上的發展。到了「六十而耳順」，孔子在仕途上仍然不得志，在生活上也屢遇挫折，如困於陳蔡，可是他都能逆來順受，他的心境卻愈來愈開闊，就在六十多歲時，他說：「學道不倦，誨人不厭，發憤忘食，樂以忘憂，不知老之將至。」他的心已如「飛龍在天」，飛得越高，看得更遠。所以他能弦歌不絕，教授弟子，編訂《詩》《書》，為中國文化的承先啟後，立下了不朽的功業。這豈不正是他的「利見大人」，為萬代的先師嗎？最後「七十而從心所欲」，這時他的精神生命已達高峰，他徹悟易理，知進退存亡與時俱行，司馬遷說他晚年好易，韋篇三絕，寫下了《易經．繫辭》等傳。而孔子替《易經》下了最簡單的結語就是只求「無大過而已矣」。

統觀孔子的生平，和《易經》乾卦六爻的變化，我們可以看出孔子四十到五十這段期間，是他一生的大轉變，由政治轉向教育；由外在禮制的研究，轉向內心的修養；也由知識的層面，而轉入了智慧的境界。

人生的歷程有很多波折，有很多轉變。有的大，有的小。有的人是順著走，他們所遇的波折和轉變，看起來不大；有的人是逆著走，這些波折和轉變便成了驚濤駭浪。無論是怎樣的走法，四十歲到五十歲之間，往往都是一個很大的轉捩點。順著走的人，也應在此作一反省，以求再提昇。至於逆著走的，更應把握住方向盤，才不致全軍覆沒。這就像火箭送衛星上太空，走通了，火箭之能便成為衛星昇空之力；否則，走不通，火箭便會半途臨陣脫逃，衛星也就達不到目的。人生也是如此，這一關口能打通，以前所學、所經驗的，便成為生命提昇的智慧。否則，打不通、轉不出，平生所學、所經驗的，便白白的被浪費了，而未來的生命，也就茫然無所歸趨。

§

三、老子的美感

老子「天下皆知美之為美，斯惡已」（第二章）一句話，歷來的註解很多，大約可歸為兩類，一是只在高處談，強調「至美無美」，也就是在最高的境界上，沒有美醜的相對觀念。另一是把「為美」，當作追逐形相之美的欲望，人人爭競於此，社會便淪於虛華不實。這兩種解釋本身並不錯，所以相沿至今，都是這樣講的。可是最近，我卻產生了一點小小的懷疑。

我在老莊一課中，發講義給學生。由於以前的舊稿字體難看，這次，有位學生幫我用電腦打字，非常美觀。我便開玩笑說：我不滿意舊稿，而認為新的美觀，這已違反了老子「天下皆知美之為美，斯惡已」的教訓了。這句玩笑，學生們也許付之一笑，並不深究。可是對我自己來說，卻無異搬了塊磚頭，砸了自己的腳。因為這兩個星期來，它一直困擾我。我自問：學生們認為講義稿印得美觀，這又有什麼不好。愛美本是人類的天性，老子主張順物性的自然，因此沒有理由反對這種基本的愛美天性。老子在《第八十章》中曾說：「甘其食，美其服。」可見他也贊成在理想的社會中，大家都對自己的衣服感覺美，儘管這裡的「服」是指素樸的衣裳，但這個「美」仍然是自我滿足的美感。所以老子也承認在現實生活中，我們都有自己的美感。可是歷來的註解都是在「理」上講，很少從「事」上去想。於是，我們讀《老子》時，都讚歎至美無美的境界，都知道一有求美之心，便有厭醜之念。而在生活上，我們都照樣的愛美厭醜。這豈不是對《老子》文義的了解是一套，自己生活的實行又是另一套？因為真正要做到愛美之念不生，厭醜之意沒有，又談何容易。如果我們在生活上做不到，那麼老子的話豈不是陳言太高，等於白說？

事實上，老子本人是否沒有美感？沒有美醜的分別心？我想：假如老子面對一片綺麗的風景，難道他不會感覺美嗎？當然，風景還是屬於自然界的，我們就拿一幅不朽的畫來說吧！難道老子認為那是人為的，就無動於衷，不以為美嗎？記得有一次，我陪小女兒去溜冰，看到那些溜冰高手們的美妙舞姿，我突然有所感而自問：假定老子生在今天，看到了這些舞姿，如果他說不美，這是違心之論；如果他說應該忘掉美醜，一念不生，這又是矯情之說。我相信他也會像常人一樣，說美。然而溜冰的技術是百分之百的人為努力，這是否又違反了他取法自然的教訓呢？其實不然，如果從一個合情合理的角度來看老子思想，他不會反對藝術之美，也不會反對正常的人為努力。他所反對的是貪欲，是爭鬥。一個人喜歡溜冰，學習美妙的舞姿，本無不好。即使參加比賽，互相觀摩，雖有競爭，而沒有太大的得失心，也還不算錯。可是如果欲望之心太重，以不正當的手段，去達到溜冰以外的目的，便會形成大患。所謂「以外的目的」，就是外在因素的介入，如賭博、商業、政治等等，使本來純真的美感，都變了質。使藝術之美、運動之美，都貼上了利慾的標籤。於是溜冰舞后的遭襲，足球明星的被殺，選手的偷食違禁藥物，球隊的放水圖利，以及政客的在場外角力，不一而足。

這種外在因素的介入，在《老子》書中，就是君主的干涉。想到這點，我如有所悟，原來「天下皆知美之為美，斯惡已」這句話是對君主說的，是勸告君主不要以自己認為的美作標準，使天下的人都知道以這種美為美，結果美反成了醜惡。這樣的解釋和本章後段所謂「聖人處無為之事，行不言之教」正好相合。與下一章「不尚賢，使民不爭；不貴難得之貨，使民不為盜；不見(現)可欲，使民心不亂」也互相呼應。採用這種解釋，除了勸止君主的干涉外，還有一個非常重要的作用，就是同時也承認人們有愛美的天性，而且也給予人們發展愛美天性的空間。因為「不干涉」就是給予人們充分的自由。君主固然不能以自己的美，強迫人民欣賞、倣效。那麼，君主不強調美醜，而要求人民沒有美醜的分別心，總該很高明了吧；其實不然，問題可能更糟，因為要達到至美無美的境界，這是上上的工夫，又豈是一般人所能做得到？如果人們做不到，君主又以此為標榜，要求人民去做，於是大家只有學著做一個美醜不分的「白癡」了。所以老子的不干涉政治，只是要求君主的「不見（顯現）可欲」，使人民「不見（看見）可欲」，自然的欲望就會減少。而不是君主本身多欲，卻要求人民無欲。這一「要求」，便是「干涉」；這種「無欲」早已違反了人性的自然。

總之，我們確信，老子有美感，人民有美感，君主也有美感。老子說這句話的意思，就是要我們在政治上不能有「一言堂」，在生活上不該有「一美堂」。我們自己有美感，也承認別人有他們的美感。我們不以別人的醜來凸顯自己的美；也不以自己的美去挖掘別人的醜。在這樣一個互相兼容的基礎上，我們再提昇美的品質，從物質而精神。在物質上的美，易流於欲望的競逐。到了精神層面以後，就會減少了欲望的追求，而樂於和大家所共享。這是很自然的擺脫了醜和惡，走上大美，或至美的境界。

最後，我套用老子的話，而改說：「天下皆知不為美而自美，斯美已。」也就是說大家不有意去標榜有目的的美，去追逐欲望的美，而流露自然的美，以美本身為美，這才是真正的美。老子的美感，也許就在於此。

§

滄海叢刊書目（一）

國學類

中國學術思想史論叢（一）～（八）	錢 穆 著
現代中國學術論衡	錢 穆 著
兩漢經學今古文平議	錢 穆 著
宋代理學三書隨箚	錢 穆 著
論語體認	姚 式 川 著
論語新注	陳 冠 學 著
西漢經學源流	王 葆 玹 著
文字聲韻論叢	陳 新 雄 著
入聲字箋論	陳 慧 劍 著
楚辭綜論	徐 志 嘯 著

哲學類

國父道德言論類輯	陳 立 夫 著
文化哲學講錄（一）～（六）	鄔 昆 如 著
哲學與思想	王 曉 波 著
內心悅樂之源泉	吳 經 熊 著
知識・理性與生命	孫 寶 琛 著
語言哲學	劉 福 增 著
哲學演講錄	吳 怡 著
日本近代哲學思想史	江 日 新 譯
比較哲學與文化（一）（二）	吳 森 著
從西方哲學到禪佛教 ——哲學與宗教一集	傅 偉 勳 著
批判的繼承與創造的發展 ——哲學與宗教二集	傅 偉 勳 著
「文化中國」與中國文化 ——哲學與宗教三集	傅 偉 勳 著
從創造的詮釋學到大乘佛學 ——哲學與宗教四集	傅 偉 勳 著
佛教思想的現代探索 ——哲學與宗教五集	傅 偉 勳 著

中國哲學與懷德海	東海大學哲學研究所主編
人生十論	錢　穆　著
湖上閒思錄	錢　穆　著
晚學盲言（上）（下）	錢　穆　著
愛的哲學	蘇昌美　著
邁向未來的哲學思考	項退結　著
逍遙的莊子	吳　怡　著
莊子新注（內篇）	陳冠學　著
莊子的生命哲學	葉海煙　著
墨家的哲學方法	鍾友聯　著
韓非子析論	謝雲飛　著
韓非子的哲學	王邦雄　著
法家哲學	姚蒸民　著
中國法家哲學	王讚源　著
二程學管見	張永儁　著
王陽明——中國十六世紀的唯心主義哲學家	張君勱著、江日新　譯
王船山人性史哲學之研究	林安梧　著
西洋百位哲學家	鄔昆如　著
西洋哲學十二講	鄔昆如　著
希臘哲學趣談	鄔昆如　著
中世哲學趣談	鄔昆如　著
近代哲學趣談	鄔昆如　著
現代哲學趣談	鄔昆如　著
思辯錄——思光近作集	勞思光　著
中國十九世紀思想史（上）、（下）	韋政通　著
存有・意識與實踐——熊十力體用哲學之詮釋與重建	林安梧　著
先秦諸子論叢	唐端正　著
先秦諸子論叢（續編）	唐端正　著
周易與儒道墨	張立文　著
孔學漫談	余家菊　著
中國近代新學的展開	張立文　著
哲學與思想——胡秋原選集第二卷	胡秋原　著

從哲學的觀點看	關子尹 著
中國死亡智慧	鄭曉江 著
後設倫理學之基本問題	黃慧英 著
道德之關懷	黃慧英 著
異時空裡的知識追逐——科學史與科學哲學論文集	傅大為 著

宗教類

天人之際	李杏邨 著
佛學研究	周中一 著
佛學思想新論	楊惠南 著
現代佛學原理	鄭金德 著
絕對與圓融——佛教思想論集	霍韜晦 著
佛學研究指南	關世謙 譯
當代學人談佛教	楊惠南編著
從傳統到現代——佛教倫理與現代社會	傅偉勳主編
簡明佛學概論	于凌波 著
修多羅頌歌	陳慧劍譯註
禪　話	周中一 著
佛家哲理通析	陳沛然 著
唯識三論今詮	于凌波 著

應用科學類

壽而康講座	胡佩鏘 著

社會科學類

中國古代游藝史——樂舞百戲與社會生活之研究	李建民 著
憲法論叢	鄭彥棻 著
憲法論集	林紀東 著
國家論	薩孟武 譯
中國歷代政治得失	錢穆 著
先秦政治思想史	梁啟超原著、賈馥茗標點
當代中國與民主	周陽山 著

我見我思	洪文湘 著
釣魚政治學	鄭赤琰 著
政治與文化	吳俊才 著
中華國協與俠客清流	陶百川 著
世界局勢與中國文化	錢　穆 著
海峽兩岸社會之比較	蔡文輝 著
印度文化十八篇	糜文開 著
美國社會與美國華僑	蔡文輝 著
日本社會的結構	福武直原著、王世雄 譯
文化與教育	錢　穆 著
開放社會的教育	葉學志 著
大眾傳播的挑戰	石永貴 著
傳播研究補白	彭家發 著
「時代」的經驗	汪　琪、彭家發 著
新聞與我	楚崧秋 著
書法心理學	高尚仁 著
書法與認知	高尚仁、管慶慧 著
清代科舉	劉兆璸 著
排外與中國政治	廖光生 著
中國文化路向問題的新檢討	勞思光 著
立足臺灣，關懷大陸	韋政通 著
開放的多元社會	楊國樞 著
現代與多元 ——跨學科的思考	周英雄 主編
臺灣人口與社會發展	李文朗 著
財經文存	王作榮 著
財經時論	楊道淮 著
經營力的時代	青龍豐作著、白龍芽 譯
宗教與社會	宋光宇 著

史地類

古史地理論叢	錢　穆 著
歷史與文化論叢	錢　穆 著
中國史學發微	錢　穆 著
中國歷史研究法	錢　穆 著
中國歷史精神	錢　穆 著

中華郵政史	張　　翊	著
憂患與史學	杜 維 運	著
與西方史家論中國史學	杜 維 運	著
清代史學與史家	杜 維 運	著
中西古代史學比較	杜 維 運	著
歷史與人物	吳 相 湘	著
歷史人物與文化危機	余 英 時	著
共產國際與中國革命	郭 恒 鈺	著
共產世界的變遷 ——四個共黨政權的比較	吳 玉 山	著
俄共中國革命祕檔（一九二〇～一九二五）	郭 恒 鈺	著
抗日戰史論集	劉 鳳 翰	著
盧溝橋事變	李 雲 漢	著
歷史講演集	張 玉 法	著
老臺灣	陳 冠 學	著
臺灣史與臺灣人	王 曉 波	著
黃　帝	錢　　穆	著
孔子傳	錢　　穆	著
宋儒風範	董 金 裕	著
弘一大師新譜	林 子 青	著
精忠岳飛傳	李　　安	著
鄭彥棻傳	馮 成 榮	著
張公難先之生平	李 飛 鵬	著
唐玄奘三藏傳史彙編	釋 光 中	編
一顆永不隕落的巨星	釋 光 中	著
新亞遺鐸	錢　　穆	著
困勉強狷八十年	陶 百 川	著
困強回憶又十年	陶 百 川	著
我的創造・倡建與服務	陳 立 夫	著
我生之旅	方　　治	著
逝者如斯	李 孝 定	著

語文類

文學與音律	謝 雲 飛	著
中國文字學	潘 重 規	著
中國聲韻學	潘重規、陳紹棠	著

魏晉南北朝韻部之演變	周祖謨	著
詩經研讀指導	裴普賢	著
莊子及其文學	黃錦鋐	著
管子述評	湯孝純	著
離騷九歌九章淺釋	繆天華	著
陶淵明評論	李辰冬	著
鍾嶸詩歌美學	羅立乾	著
杜甫作品繫年	李辰冬	著
唐宋詩詞選——詩選之部	巴壺天	編
唐宋詩詞選——詞選之部	巴壺天	編
清真詞研究	王支洪	著
苕華詞與人間詞話述評	王宗樂	著
優游詞曲天地	王熙元	著
月華清	樸月	著
梅花引	樸月	著
元曲六大家	應裕康、王忠林	著
四說論叢	羅盤	著
紅樓夢的文學價值	羅德湛	著
紅樓夢與中華文化	周汝昌	著
紅樓夢研究	王關仕	著
紅樓血淚史	潘重規	著
微觀紅樓夢	王關仕	著
中國文學論叢	錢穆	著
牛李黨爭與唐代文學	傅錫壬	著
迦陵談詩二集	葉嘉瑩	著
西洋兒童文學史	葉詠琍	著
一九八四	George Orwell原著、劉紹銘	譯
文學原理	趙滋蕃	著
文學新論	李辰冬	著
文學圖繪	周慶華	著
分析文學	陳啟佑	著
學林尋幽——見南山居論學集	黃慶萱	著
中西文學關係研究	王潤華	著

魯迅小說新論	王　潤　華　著
比較文學的墾拓在臺灣	古添洪、陳慧樺編著
從比較神話到文學	古添洪、陳慧樺主編
現代文學評論	亞　　菁　著
現代散文新風貌	楊　昌　年　著
現代散文欣賞	鄭　明　娳　著
葫蘆・再見	鄭　明　娳　著
實用文纂	姜　超　嶽　著
增訂江皋集	吳　俊　升　著
孟武自選文集	薩　孟　武　著
藍天白雲集	梁　容　若　著
野草詞	韋　瀚　章　著
野草詞總集	韋　瀚　章　著
李韶歌詞集	李　　韶　著
石頭的研究	戴　　天　著
寫作是藝術	張　秀　亞　著
讀書與生活	琦　　君　著
文開隨筆	糜　文　開　著
文開隨筆續編	糜　文　開　著
印度文學歷代名著選（上）（下）	糜　文　開編譯
城市筆記	也　　斯　著
留不住的航渡	葉　維　廉　著
三十年詩	葉　維　廉　著
歐羅巴的蘆笛	葉　維　廉　著
移向成熟的年齡 ——1987～1992詩	葉　維　廉　著
一個中國的海	葉　維　廉　著
尋索：藝術與人生	葉　維　廉　著
從現象到表現 ——葉維廉早期文集	葉　維　廉　著
解讀現代・後現代 ——文化空間與生活空間的思索	葉　維　廉　著
山外有山	李　英　豪　著
知識之劍	陳　鼎　環　著
還鄉夢的幻滅	賴　景　瑚　著
大地之歌	大地詩社　編

往日旋律	幼柏	著
鼓瑟集	幼柏	著
耕心散文集	耕心	著
女兵自傳	謝冰瑩	著
詩與禪	孫昌武	著
禪境與詩情	李杏邨	著
文學與史地	任遵時	著
抗戰日記	謝冰瑩	著
給青年朋友的信（上）、（下）	謝冰瑩	著
冰瑩書柬	謝冰瑩	著
我在日本	謝冰瑩	著
大漢心聲	張起鈞	著
人生小語（一）～（七）	何秀煌	著
人生小語（一）（彩色版）	何秀煌	著
記憶裡有一個小窗	何秀煌	著
回首叫雲飛起	羊令野	著
康莊有待	向陽	著
湍流偶拾	繆天華	著
文學之旅	蕭傳文	著
文學邊緣	周玉山	著
文學徘徊	周玉山	著
無聲的臺灣	周玉山	著
種子落地	葉海煙	著
向未來交卷	葉海煙	著
不拿耳朵當眼睛	王讚源	著
古厝懷思	張文貫	著
材與不材之間	王邦雄	著
劫餘低吟	法天	著
忘機隨筆——卷一・卷二・卷三・卷四	王覺源	著
詩情畫意——明代題畫詩的詩畫對應內涵	鄭文惠	著
文學與政治之間——魯迅・新月・文學史	王宏志	著
洛夫與中國現代詩	費勇	著
老舍小說新論	王潤華	著